Siegfried Woitinas
Wunderbares Leben im Einklang mit der Zeit

Siegfried Woitinas

Wunderbares Leben
im Einklang mit der Zeit

Eine autobiographische Skizze

 Verlag Urachhaus

ISBN 3-8251-7321-6

Erschienen 2000 im Verlag Urachhaus
© 2000 Verlag Freies Geistesleben & Urachhaus GmbH, Stuttgart
Umschlagfoto: Thomas Weber
Umschlaggestaltung: Ursula Weismann
Druck: Offizin Chr. Scheufele, Stuttgart

INHALT

Widmung und Dank

Diese Lebensskizze ist den Seelen meiner Eltern gewidmet, die mir dieses Leben schenkten und mich immer mit Liebe begleiteten und die auch ihrerseits über den Tod hinaus in tiefer Liebe miteinander verbunden blieben.

Mein Dank gilt an dieser Stelle auch all den vielen namentlich hier nicht genannten Menschen, von denen ich lernte, dieses Leben zu begreifen. Er gilt auch allen, die mir in entscheidenden Etappen meines Lebensweges weiterhalfen, und ebenso allen, die durch kräftige Anstöße die notwendigen Fähigkeiten in mir herausforderten, welche ich für die Aufgaben brauchte, die ich mir in dieses Leben mitgebracht habe. Er gilt auch all meinen Mitarbeitern, die sich zur Realisierung gemeinsamer Ideen und Impulse miteinander verbunden haben.

Mein besonderer Dank gilt nicht zuletzt meiner Frau, welche während unseres gemeinsamen Lebens und unserer engen Zusammenarbeit mich stets aufs Neue impulsierte und mich immer wieder zur Überprüfung meiner Arbeit anregte. – Ohne die Ermutigung meines Verlegers Frank Berger hätte ich diese biographische Skizze sicher nicht veröffentlicht.

»Was wird er damit machen?«
E.L. Bulwer

BRESLAU

Meine Eltern

Meine Eltern gehörten zu der Gruppe junger Menschen, die am Anfang des Jahrhunderts versuchten, die Grenzen der bürgerlichen Gesellschaft zu überwinden und sich auf die Suche nach neuen Lebensformen und einer spirituellen Weltauffassung begeben hatten. Diese Suche hatte sie letztendlich auch zusammengeführt.

Mein Vater war in dem kleinen schlesischen Ort Konradswaldau in der Nähe von Breslau im Jahr 1898 geboren. Seine Eltern betrieben dort einen Gemischtwarenladen, in dem man alles kaufen konnte, von der Sichel bis zum Salz. Die Gutmütigkeit des Vaters führte dazu, dass er im Laufe der schwierigen wirtschaftlichen Verhältnisse den Bauern immer mehr Kredit gab, den sie nicht zurückzahlen konnten, und letztendlich selbst Bankrott anmelden musste. So zog er, wie viele andere, mit seiner Frau und sechs Kindern nach Breslau und musste dort als Proletarier eine völlig neue Existenz aufbauen.

Mein Vater machte eine Ausbildung als Gärtner. Doch 1916 wurde er zum Kriegsdienst an der Westfront eingezogen, wurde nach schweren Kämpfen verwundet und nahm erst nach Beendigung des Krieges seine Tätigkeit als Gärtner und Landschaftsgestalter wieder auf. Schon während seiner Schulzeit und auch während der Zeit des Militärdienstes hatte er sich mit spiritueller Literatur beschäftigt und machte Konzentrations- und andere persönlichkeitsbildende Übungen. Eine Zeitungsanzeige machte ihn auf anthroposophische Vorträge aufmerksam, und die Begegnung mit Rudolf Steiner und den in Breslau gehaltenen Vorträgen wurde für ihn lebensbestimmend. Er nahm an dem *Landwirtschaftlichen Kurs* Rudolf Steiners in Koberwitz teil und setzte die dort gewonnenen Ansichten sogleich in Breslau in die Praxis um, indem er die

*Meine Eltern,
kurz nach
Kriegsbeginn,
August 1939*

neuen Präparate herstellte, biologisch-dynamisches Gemüse anbaute und dieses auf dem Fahrrad in Breslau ausfuhr.

Neben seiner beruflichen Tätigkeit begann nun für ihn auch ein reges gemeinschaftliches Leben mit anderen jungen Leuten, die sich aufgrund der Wirksamkeit Rudolf Steiners intensiv mit der Anthroposophie und den neuen Gedanken verbunden hatten. Aus dieser Gruppe gingen später viele Menschen hervor, die in der Waldorfpädagogik, Heilpädagogik und anderen Berufen neue geistig fundierte Lebensziele und Aufgaben gefunden hatten. Zu ihnen gehörte auch die Schauspielerin Erna Grund, die Lehrerinnen Hilde und Gerda Langen, der Heilpädagoge Albert Strohschein und andere, mit denen ihn eine enge Freundschaft verband. – Die Einladung zur Eröffnung des ersten Goetheanums durch Rudolf Steiner und die Teilnahme an diesem Ereignis waren für ihn noch einmal ein ganz wichtiges und tiefes Erlebnis. Als sozial engagierter Mensch nahm er auch lebhaften Anteil an den politischen Ereignissen seiner Zeit und beteiligte sich an der sogenannten »Oberschlesien-Aktion«, wo versucht wurde, jenseits der nationalen Parteiinteressen für dieses zwischen Polen und Deutschen heftig umstrittene Industriegebiet eine dreigliedrige Neugestaltung des sozialen Organismus einzuleiten. Als er mit seinen Freunden jedoch im Gewehrfeuer fanatischer Nationalisten zu Boden ging, musste die Aktion abgebrochen werden.

Meine Mutter, 1904 geboren, stammte aus einem bürgerlichen Hause. Ihr Vater war Prokurist bei der Dresdner Bank. Sie selbst wäre gerne Sängerin geworden. Ihr Vater drängte sie jedoch dazu, den Beruf der Kindergärtnerin zu erlernen, so dass sie ihre musikalische Ausbildung nebenbei weiterbetreiben musste. Schon mit sechzehn hatte sie sich der Wandervogel-Bewegung angeschlossen und zog mit Zelt und Klampfe mit einer Gruppe, die sich »Die Goten« nannte, durch die Lande. Mit dieser Gruppe besuchte sie 1922 eine der ersten Eurythmieaufführungen, die in Breslau stattfanden. Dort begegnete ihr das erste Mal mein Vater. Es sollte *die* Begegnung ihres Lebens werden. Es war eine lange und immer intensiver werdende Freundschaft, die sieben Jahre später, 1929, zur Eheschließung führte. Beide waren auch große Verehrer von Richard Wagners Opern, die häufig in Breslau gespielt wurden. Und als sie die Oper *Siegfried* sahen, war ihr Entschluss gefasst, ihr erster Sohn solle Siegfried heißen.

Der Familie meiner Mutter war durch die Inflation ihr gesamtes Vermögen verloren gegangen, und so konnte sie zur Betriebsgründung meines Vaters, der sich als Gartengestalter und Landschaftsgärtner selbstständig gemacht hatte, finanziell nichts beitragen. Er hatte zu kämpfen, um überhaupt die bloße Existenz aufrecht zu erhalten. – Da kurze Zeit zuvor der Vater meiner Mutter gestorben war, konnten sie wenigstens als Jungvermählte dessen Zimmer bewohnen und dort ihr gemeinsames Leben beginnen.

Kindheit und Jugend

In eben dieser Wohnung wurde ich am 24. Januar 1930 um 16 Uhr geboren. Die Eltern erzählten mir später immer wieder, dass ich eigentlich schon zu Weihnachten 1929 erwartet wurde. Aber offensichtlich ließ ich mir Zeit, um mit den kosmischen Kräften des Wassermanns mein Leben zu beginnen. Die ziemlich schwere Geburt fand in jenem Bett statt, in dem kurz zuvor mein Großvater gestorben war. Durch hohen Blutverlust kam meine Mutter an die Grenze des Todes, und sie erlebte, wie sie sich aus ihrem

Körper bereits herauslöste. Doch da trat ihr in der jenseitigen Welt ihr Vater als Lichtgestalt entgegen und bedeutete ihr, sie müsse ins Leben zurückkehren, da sie noch Aufgaben zu erfüllen hätte. Der Arzt konnte sie wieder zurückholen. So lagen Tod und Geburt eng beieinander.

Das erste bewusste Erlebnis von mir selbst fand, soweit ich mich zurückerinnern kann, kurz vor meinem dritten Geburtstag zu Weihnachten statt: Ich sah mich im Zimmer meiner Eltern stehen, wo der Weihnachtsbaum aufgestellt war, und hatte das Gefühl, mich wie von außen zu sehen mit dem Gedanken: Das ist der Baum, und das bist du. Dieses Bild ist mir heute noch ganz deutlich in Erinnerung.

Als nach zwei Jahren ein Bruder geboren wurde, konnten meine Eltern in eine kleine Neubauwohnung mit einem Zimmer und einer Küche in der Grebschener Straße am Stadtrand ziehen. Die Wände waren zwar mit ihrem frischem Kalkputz noch ziemlich feucht, aber es war schon mal die erste eigene Wohnung. – Mein Vater arbeitete mit vollem Einsatz als selbstständiger Gartengestalter. Da aber keine finanziellen Grundlagen da waren und die Aufträge nicht regelmäßig hereinkamen, wurde der Gerichtsvollzieher ein häufiger Besucher, der seinen »Kuckuck« auf die Rückseite der gepfändeten Möbel zu kleben pflegte. Eines Tages, in höchster Not, trug mein Vater sogar seinen Ehering ins Pfandhaus. Da aber erhob meine Mutter, trotz der mitgebrachten Lebensmittel, heftigen Protest, und er hatte, nachdem sie eine kleine geheime Haushaltskasse zu Tage förderte, den Ring umgehend wieder einzulösen. Ich erlebte, wie mein Vater nachts seine Pläne und Zeichnungen entwarf und tagsüber die Umsetzung in den Gärten seiner Kunden realisierte und meine Mutter abends die Buchhaltung machte.

Doch allmählich gewann mein Vater durch seine fantasievollen Entwürfe einen immer weiteren Kundenkreis. Es konnte eine größere Wohnung gemietet und sogar ein Klavier angeschafft werden. Seit diesem Zeitpunkt wurde die Hausmusik ein wichtiger Bestandteil unseres immer reger werdenden Familienlebens. Inzwischen waren wir drei Kinder, zwei Jungen und ein Mädchen.

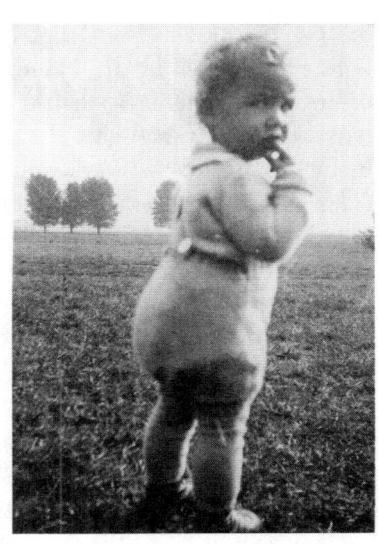

1931: einjährig

Obwohl meine Eltern und insbesondere meine Mutter uns Kindern viel Liebe und Sorgfalt zukommen ließen, hatte ich in der Zeit bis zum fünften Lebensjahr immer wieder das Problem, an der Grenze zum Schlaf mit Dämonen kämpfen zu müssen. Ich hatte das Gefühl, dass diese Dämonen, die als Wesen mich wie von außen bedrängten, dennoch aus meinem Inneren aufstiegen. Ich sann lange darüber nach, was das bedeutet. Diese Erlebnisse änderten sich im Lauf des Älterwerdens und nahmen immer mehr einen bildhaften Charakter an, der aus dem Bereich der Technik stammte. Besonders in der Mittagszeit, wenn ich mich ausruhen sollte, geriet ich in ein Zwischenreich. Immer wieder erlebte ich zum Beispiel, wie ich über lange Eisenbahnschienen und -schwellen stolperte und mich in den Signaldrähten verfing. Oder ich sah riesige rotierende Messer auf mich zukommen, die mich durchschnitten, und trotzdem hatte ich das Erlebnis: sie können mich nicht töten. – Wenn ich heute darauf zurückschaue, kann ich mir nur erklären, dass die zunehmende Technisierung meiner Umwelt solche symbolhaften Bilder in mir hervorrief. Die Tatsache, dass mein Vater, sooft es möglich war, allabendlich das Gebet sprach »Von Kopf bis zum Fuß bin ich Gottes Bild, vom Herzen bis in die Hände fühle ich Gottes Hauch«, half offensichtlich nicht. Auch dass ich die Kinderhandlung der Christengemeinschaft besuchte, brachte ich mit diesen Erlebnissen nicht unmittelbar in Verbindung. Als dieses Bedrängtsein sehr stark wurde, hatte ich in meiner Not zum ersten Mal das Erlebnis, dass Gott ein wirklich existierendes Wesen sei, an das ich mich mit der Bitte um Hilfe wenden könne. Und dieser tiefe Ernst, mit dem ich diesen Begriff »Gott« fasste und mich im Gebet an ihn wandte, führte zu einer Beendigung der bedrängenden Erlebnisse. – Offensichtlich war es nicht damit getan, dass der Gedanke des Göttlichen von außen an mich herangebracht wurde, sondern dass ich ihn aus mir hervorbringen musste.

Erst in einem viel späteren Lebensabschnitt fand ich durch die Menschenweihehandlung Zugang zu den Inhalten der christlichen Religion, weil dort nicht nur der gekreuzigte, sondern vor allem der auferstandene Christus erlebbar gemacht wurde.

Meine erste Begegnung mit dem Tod ereignete sich, als ein etwa sechsjähriges Mädchen, zu dem ich in kindlicher Weise eine tiefe Liebe und Verehrung gefasst hatte, starb. Es war die Tochter einer befreundeten jüdischen Familie und hieß Gudrun. Ich nahm mit meinen Eltern an der Beerdigung teil. Während der Zeremonie erklang eine wunderbare Mozart-Melodie. Und als der Sarg durch ein sich öffnendes, riesiges Tor hinausgetragen wurde, hatte ich das Gefühl, dass ihre Seele gleichzeitig auf dem Meer der Klänge in den Himmel getragen wurde. Das Bild begleitete mich noch lange.

Die Neubausiedlung, in der wir wohnten, lag am Rande eines Wäldchens mit einem kleinen Fluss, der noch ein vielfältiges Pflanzen- und Tierleben mit Muscheln, Egeln, Libellen und vielen anderen Tieren hatte. Doch in dieser Gegend wurde auch viel gebaut, und ich trieb mich gerne auf den Bauplätzen herum, sammelte alle möglichen Reste, die die Zimmerleute übrig gelassen hatten, schleppte sie nach Hause und baute mir daraus meine eigenen Fahrzeuge, Bauten und Burgen. Für vorgefertigtes Spielzeug hatte ich keine besondere Vorliebe und sortierte es aus. Später stellte ich

1936: Erster Weg zur Schule

mit meinem jüngeren Bruder ein ganzes Heer von heldenhaften Kämpfern aus alten Pappresten her. Er zeichnete und bemalte die großen Gestalten aus der griechischen und germanischen Mythologie, und ich schnitt sie aus. Da diese Arbeit bis tief in die Nacht hinein ging, hatte ich mir einen geheimen Schalter gebaut, um schnell und unbemerkt das Licht ausschalten zu können, wenn meine Mutter kontrollierte, ob wir auch schliefen. Am Schluss hatten wir hunderte von solchen nächtlicherweise hergestellten Pappfiguren, die wir miteinander kämpfen ließen.

Wenn ich mich richtig erinnere, so lebte ich bis etwa zum neunten Lebensjahr einerseits in einer inneren Bilderwelt, auf der anderen Seite hatte ich eine große Liebe für die Natur, für technische Dinge und machte kleine Erfindungen mit meinen Spielsachen. – Als meine Eltern das erste Radio ins Haus brachten, stand ich voller Bewunderung davor und fragte mich, wer wohl die Musik machen würde. Und als sie eines Tages aus dem Haus gegangen waren, nahm ich den Schraubenzieher und schraubte die Rückwand auf, um zu sehen, wie die Musik zustande kommt. Ich sah darin lauter kleine Glaskolben mit glühenden Punkten und dachte, das müssen wohl die Musiker sein, die die Musik machen – lauter kleine Männchen. Aber diese Antwort befriedigte mich nicht, und ich grübelte weiter darüber nach; denn irgendwo musste die Musik doch herkommen. – In diesem Alter entdeckte ich auch bestimmte Charaktereigenschaften von mir; unter anderem bemerkte ich, dass ich es mit einer gewissen Eitelkeit genoss, Geheimnisse, die ich erfahren hatte, weiterzuerzählen. Ich erschrak sehr, als ich mir dieser Eigenschaft bewusst wurde, und sagte mir: Du musst schweigen lernen! Es war meine erste selbst auferlegte Übung.

Meine intellektuelle Entwicklung ging offensichtlich sehr langsam voran. Die Schulstunden verfolgte ich eher träumend als wachend, und ich erinnere mich, dass meine Mutter sehr oft meine Schularbeiten machen musste! Sie schrieb für mich und ahmte meine kindliche Schrift nach. Sie rechnete auch für mich, damit ich überhaupt etwas ins Heft brachte. Wenn ich dann am nächsten Morgen mit den pflichtgemäß ausgefüllten Heften im Ranzen zur Schule marschierte, hatte ich eigentlich gar kein schlechtes Gewissen. Ich dachte bei mir: Hauptsache, die Arbeit ist gemacht. Dass ich nicht einmal sitzen geblieben bin, wundert mich heute noch, denn mein bewusstes Interesse für den Unterricht erwachte erst mit dreizehn. – Einige Erinnerungen aus der Grundschulzeit sind mir allerdings lebhaft erhalten geblieben. Mein Klassenlehrer Kotschate erzählte zum Beispiel, dass er im Ersten Weltkrieg in russischer Gefangenschaft war und lange Märsche nach Sibirien machen musste. Dabei bekamen sie kaum etwas zu trinken. Aber er nahm einen Kieselstein in den Mund und litt dadurch nicht den Durst, den andere Kameraden erleben mussten. Solchen Erzählungen folgte ich mit Spannung, und die Erinnerung an diesen Lehrer und seinen kleinen Trick mit dem Kieselstein sollte mir selbst später in russischer Gefangenschaft das Leben retten. – Ich verdanke der Geduld, der Hilfe und dem Verständnis meiner Mutter, dass ich nicht nur die Schulzeit seelisch unbeschadet überstanden habe, sondern dass auch die tieferen Seelenkräfte ungestört reifen konnten. Letzteres wurde mir besonders klar, als während meines späteren Anthroposophie-

Studiums einer meiner Dozenten in einem Seminar über Lebensläufe eines Tages zu uns sagte: »Wer in der Schule dumm geblieben ist, hat sich die Möglichkeit erhalten, Anthroposophie gut verstehen zu können.«

Drei wichtige Lebensmotive wurden etwa bis zum neunten Lebensjahr bei mir veranlagt. Wir hatten das Glück, dass uns immer wieder Märchen vorgelesen und erzählt wurden. Besonders beeindruckte mich das Grimmsche Märchen von den zwei Brüdern, in dem der eine Bruder, der fälschlicherweise für den vermissten Gemahl der Prinzessin gehalten wurde, nach seiner Rückkehr zwar das Bett mit ihr teilte, aber das Schwert zwischen sich und die Prinzessin legte, weil er seinem Bruder die Treue halten wollte. Dieses Bild hat sich mir tief in die Seele geprägt, so dass das Streben nach Treue zu einem Menschen mich mein ganzes Leben begleitet hat und mir zum Handlungsmotiv wurde. Immer wieder ist das Bild des Schwertes in entscheidenden Lebensaugenblicken vor mich hingetreten.

Als meine Eltern mich 1939 das erste Mal in eine Wagner-Oper mitnahmen – es war *Götterdämmerung* mit dem Tod Siegfrieds –, erlebte ich die Untreue, den Verrat Hagens und die daraus entstehende Ungerechtigkeit intensiv mit. Ich war zutiefst beeindruckt, als Hagen dem toten Siegfried versuchte den Ring zu rauben und sich dessen Schwert-Arm steil in die Luft reckte und Hagen zurückschleuderte. – Auch hier wurde mir noch einmal der Wert der Treue zu einem tiefen Erlebnis. Darüber hinaus empfand ich aber auch die Abscheu gegen Verrat und Ungerechtigkeit so stark, dass mir der Kampf für Gerechtigkeit zu einem weiteren Lebensmotiv wurde.

In der Folge beschäftigte mich häufig das tragische Schicksal von Menschen, die sich aufgrund von häufenden Missverständnissen im Streit entzweit hatten, weil sie es nicht schafften, miteinander offen zu sprechen. Und immer wenn ich solchen Geschichten in den Erzählungen und Romanen begegnete, sagte ich mir: Wenn sie doch nur geredet hätten! Aus diesem Erlebnis entwickelte sich für mich ein weiteres Motiv: Ich wollte mich dafür einsetzen, dass Menschen miteinander sprechen, um die Proble-

Oper Breslau

me, die zwischen ihnen entstanden sind, zu klären, so dass es nicht erst zu einem tragischen Auseinanderleben kommen muss.

Die Zeit um mein zwölftes Lebensjahr war außerordentlich fruchtbar. So sehr mich immer mehr die äußeren technischen Dinge und die Natur interessierten, so intensiv wurde aber zugleich auch mein inneres Gedankenleben. Als ich eines Tages morgens aufwachte, wusste ich: Ich komme aus einer anderen Welt. Aber die Frage entstand zugleich, ob ich wirklich wach bin, und ich sagte mir: Könnte es nicht sein, dass diese Welt, in der ich jetzt erwacht bin, genauso aussieht wie jene Welt, aus der ich gerade komme? Woher weiß ich, ob ich nicht bereits gestorben bin und verwechsle diese beiden Welten? Denn dass es zwei Welten gibt, in denen ich verweilte: die »Welt des Tages« und die »Welt der Nacht«, war mir klar. Diese Frage hat mich lange beschäftigt, und ich suchte nach einem Kriterium, anhand dessen ich erkennen könnte, ob ich wache oder ob ich vielleicht schon gestorben bin und mich in der »Nacht-Welt« befinde. Ich konnte diese Frage gedanklich nicht lösen. Aber ich sagte mir: Es könnte ja sein, dass du schon gestorben bist, aber wenn nicht, dann musst du so leben, dass du jeden Tag sterben *könntest*! Das wurde mir zum Impuls und war in gewisser Weise eine praktische Lösung dieser Frage.

In dieser Zeit entdeckte ich im Zuhören bei den Gesprächen meiner Eltern, die sich zum Teil über hochgeistige Dinge unterhielten, dass ich nicht nur ihre Gedanken mitvollziehen konnte,

18

1942,
mit Familie und
Großmuttter

sondern dass ich zugleich die Antwort schneller wusste, als sie von dem Gesprächspartner gegeben wurde. Aber ich verstand auch, was sie sagten und was sie meinten. Es war mir, als könnte ich ihre Gedanken sehen, ehe sie ausgesprochen waren. Und da alle diese Dinge, von denen sie erzählten, mir auch bekannt erschienen, fragte ich mich: Woher weiß ich das? Ich habe doch das in der Schule nicht gelernt und vorher nie etwas davon gehört? Diese Entdeckungen beschäftigten mich weiter, viele, viele Nächte hindurch. Die Erkenntnis, schwierige geistige Dinge zu verstehen, ohne sie in diesem Leben gelernt zu haben, ließ in mir den Gedanken aufleuchten: Du hast wohl schon viele Male auf dieser Erde gelebt, daher kannst du das heute verstehen, was die viel älteren und reiferen Menschen sprechen. – Seit diesem Zeitpunkt war der Gedanke der Wiederverkörperung für mich eine alles beleuchtende Selbstverständlichkeit. Er schloss zugleich das Gefühl in sich ein, dass ich auch schon unmittelbar vor diesem Leben gelebt habe. Das tiefe Grundgefühl, dass ich zwar in diesem Körper auf der Erde lebe, aber vorher schon unabhängig von diesem Körper existiert habe, sollte mir ein ganz anderes Lebensgefühl geben und begleitete mich in entscheidender Weise bis in die schwierigen Zeiten meiner künftigen Gefangenschaft, während der ich oftmals mit dem Tod konfrontiert war.

Zu jener Zeit, in der mich viele Lebensfragen bewegten und auch die Überlegung, welcher Tätigkeit ich in meinem Leben

19

nachgehen würde, trat ein Bild vor mich hin: Ich sah mich in einem Theater auf einer Bühne stehen, hinter mir Dunkel, ohne Kulissen, vor mir ein halb erhellter Zuschauerraum. Ich stehe auf dieser Bühne und spreche zu den Zuhörern von dem geistigen Wesen des Menschen und der Wiederverkörperung. Dabei breite ich die Arme aus, wie wenn ich sagen wollte: Das ist der wahre Zusammenhang des Menschen mit der Welt. Und ein tiefer Impuls, den Menschen etwas zu vermitteln über ihr geistiges Wesen, war damit verbunden. Ich wusste damals allerdings noch nicht, was diese Vision bedeutete; denn erst in meinem neunundfünfzigsten Lebensjahr sollte mir zu Bewusstsein kommen, dass dieses Zukunftsbild sich realisiert hatte.

Der Krieg

Bereits im August 1939 war mein Vater, trotz seiner Verwundung, die er im Ersten Weltkrieg erhalten hatte, zum Militärdienst eingezogen worden. Es war bekannt, dass er zur anthroposophischen Bewegung gehörte. Er war von der Gestapo verhört worden, hatte Haussuchungen über sich ergehen lassen müssen, alle Schriften verschwanden in unserem Keller, und ich erfuhr kaum etwas von den geistigen Inhalten, die für ihn ein wichtiger Lebensinhalt waren. – Seine Mitgliedschaft war offensichtlich ein willkommener Anlass, ihn sofort einzuziehen und ihn auf diese Weise auch politisch unschädlich zu machen. Er hatte in der Zwischenzeit recht erfolgreich die Belegschaft seines Betriebes auf 17 Mann steigern können und eine Reihe schöner Aufträge auszuführen. Aus dieser Tätigkeit wurde er nun unerwartet herausgerissen, so dass meine Mutter nur noch mit großer Not seine Verpflichtungen zu Ende bringen konnte.

1941 ging der Krieg in sein zweites Jahr. Meine Mutter hatte inzwischen vier Kinder zu versorgen, während die Lebensmittelversorgung immer knapper wurde. Direkt vor unserem Haus dehnte sich eine weite Wiese aus, die zu einer Kirche gehörte. Es war Brachland. Ich dachte darüber nach, wie man die Situation verbessern könne, und als mein Vater Anfang 1942 zu einem Urlaub nach Hause kam, sprach ich zu ihm von meinem Wunsch, einen eigenen Garten für die Familie anzulegen. Der Küster der katholischen Kirche, zu welcher dieses Brachland gehörte, gab uns die Erlaubnis, und so zogen wir beide, jeder mit einem Spaten bewaffnet, hinaus und begannen, ein größeres Grundstück urbar zu machen. Mein Vater zeigte mir die wichtigsten Regeln der Bodenbearbeitung, wir umzäunten das Ganze mit einem urigen Staketenzaun aus stacheligen Akazienästen, die wir von den umgebenden Bäumen heruntersägten. Dann zeigte er mir, wie man sät und pflanzt. Ich musste hacken, jäten und durfte später auch ernten. Von einem Gartennachbarn lernte ich, wie man Ställe baut, und so gelang es mir auch allmählich, eine kleine Kaninchen- und Hühnerzucht aufzubauen. Ich musste die Tiere regelmäßig versorgen und füttern, wenn ich aus der Schule nach Hause kam. Es war meine erste richtige Arbeit in diesem Leben – es war mein Garten! Und so konnte ich mit Hilfe meines Vaters während der folgenden Kriegsjahre auch zur Ernährung unserer Familie beitragen.

Vielleicht war es diese praktische Tätigkeit, die mich für die äußere Welt wacher machte und mein bewusstes Interesse auch am Schulunterricht etwas steigen ließ. Bis dahin hatte ich eher träumend an dem Ganzen teilgenommen. Erst jetzt mit dreizehn begann ich einen eigenen Sinn für die Unterrichtsinhalte zu entwickeln. Ich interessierte mich für Sprachen, Geschichte, Deutsch und hatte Freude an der Lösung algebraischer Aufgaben und Formeln. Allmählich begann aber auch mein Blick für die äußere Schönheit des Lebens wach zu werden. Ich sammelte interessante Bücher und Gegenstände, vertiefte mich in spannende romantische Erzählungen und finanzierte meine ersten Kinobesuche, indem ich mir etwas Geld durch Hilfe im Haushalt verdiente. Sobald meine Mutter unterwegs war, schwang ich mich auf die Straßenbahn, die damals noch offene Türen hatte, und machte mir einen Sport daraus, an den Kurven auf- und abzuspringen und von einem Kino ins andere zu gehen. In dieser Zeit entdeckte ich auch die wunderschöne Architektur der Stadt

*Das Breslauer
Rathaus, 1936*

Breslau, die zum Teil einen gotischen Charakter hatte. Ich begann diese Stadt zu lieben; es wurde *meine* Stadt. Zugleich entwickelte ich wieder ein reges Bilderleben und träumte von meiner beruflichen Zukunft. Der Wunsch, Schauspieler oder Opernsänger zu werden, entsprang nicht nur meiner großen Liebe zur Musik und den vielen Arien, die ich auch zu Hause durch meine Eltern gehört hatte, sondern auch einer gewissen Abenteuerlust, weil ich mir vorstellte, es würde eine außerordentlich abwechslungsreiche Zukunft werden, wo ich schönen Frauen begegnen und ein genussreiches Leben führen könne.

22

So lebte ich wieder in zwei verschiedenen Welten: Morgens rannte ich zur Schule – da ich meistens zu spät dran war –, musste mit anderen Klassenkameraden zum Appell antreten, »Die Fahne hoch« und das Deutschland-Lied singen und dreimal »Sieg Heil« brüllen, dann am Schulunterricht teilnehmen und anschließend meinen Garten und die Tiere versorgen sowie Schularbeiten machen. Wenn ich dann mit mir allein war, lebte ich in den Wünschen und Bildern von meiner persönlichen und beruflichen Zukunft.

Dann kam das Ende des Jahres 1944 heran und damit auch die russische Front. In dieses Jahr fiel zunächst noch ein Erlebnis, das mich vor eine wichtige Entscheidung stellte. In einer inneren bildhaften Erfahrung traten zwei Frauengestalten vor mich hin, die mir zwei Wege erlebbar machen wollten, welche ich in der Zukunft meines Lebens gehen könnte. Die eine Gestalt vermittelte mir ein inneres Wissen über einen Weg, der mit viel Arbeit, Strenge und damit auch Verzicht auf bestimmte Genüsse des Lebens verbunden war. Die andere zeigte mir einen Weg, auf dem ich so bleiben durfte wie ich war und dieses genussreiche Leben, das ich in Bildern vor mir gesehen hatte, auch weiterführen könnte. Ich fühlte ganz intensiv, dass ich mich für eine dieser beiden Frauengestalten entscheiden müsse. Ich wusste genau, dass ich eigentlich der ersten zu folgen hätte, aber fühlte zugleich auch, dass ich nicht die Kraft hatte, es zu tun. Ich konnte mich nicht entscheiden. Und so blieb es dabei, dass ich zunächst der zweiten folgte, die mir den genussreichen Weg innerlich erlebbar machte, auf dem ich mich bereits befand. Dann verschwanden diese beiden Gestalten wieder aus meinem Bewusstsein. – Das äußere Leben sollte jedoch eine andere Wendung in mein Leben hineinbringen, und das hing mit den politischen und militärischen Ereignissen zusammen, die immer näher kamen und sich langsam stärker in mein Leben hineindrängten.

Die Stadt Breslau war bis dahin im Wesentlichen noch von größeren Bombenangriffen verschont geblieben, aber die russischen Truppen rückten am Ende des Jahres 1944 immer näher. So begann die schrittweise Evakuierung der Bevölkerung aus

Herbst 1944.
Letzter Urlaub
meines Vaters in
unserem Garten

der Stadt. – Mein Vater stand mit einer geheimen Nachrichten-
quelle in Verbindung, und jedesmal, wenn er zu einem Kurzur-
laub nach Hause kam, konnte er uns mitteilen, wie der Verlauf
des Krieges vorausgesehen wurde. Er wusste auch von der geplanten Vertreibung der Bevölkerung aus den Ostgebieten, und
er warnte uns und bereitete uns darauf vor, dass wir möglicherweise auch auseinandergetrieben werden könnten. So verabredeten wir bei seinem letzten Urlaub im Januar 1945, dass wir
uns im Falle einer Vertreibung aus Breslau in einem uns nicht
bekannten Ort in Westdeutschland treffen sollten: Es war Bad
Wörishofen in Bayern. Dort waren die Eltern seines Schwagers
zu Hause, dessen Vater ein bekannter alter Holzschnitzer war.
Der Name »Bad Wörishofen« prägte sich uns allen tief ein, und
das sollte dazu führen, dass wir uns nach dem Auseinanderfal-
len der Familie durch die folgenden Kriegsereignisse tatsächlich
nach und nach wieder finden konnten.

Mit meiner Mutter zusammen brachte ich die beiden jüngsten
Geschwister und meine Großmutter an den kleinen Ort Arnsdorf
am Fuße des Riesengebirges, wo ich bei Verwandten als Kind viele
Male wunderbare Ferien in einer herrlichen Natur in der Nähe einer Mühle und eines großen Sägewerkes verbracht hatte. Doch
meine Mutter und ich fuhren noch einmal von dort nach Breslau
zurück, obgleich die Stadt in der Zwischenzeit bereits zur Festung
erklärt worden war. Offensichtlich hatte sich der Belagerungsring

der russischen Truppen um die Stadt schon stark geschlossen, denn als wir die Stadtgrenze überquerten, wurde der Zug bereits beschossen – was ich selbst zunächst außerordentlich interessant fand. Meine Mutter konnte mich gerade noch vom Fenster zurückreißen, damit die Kugeln mich nicht trafen.

So gelangten wir also noch einmal in unser Haus, bepackten zwei Fahrräder mit allen möglichen Sachen, die für meine Mutter wichtig erschienen, und durchquerten auf dem Rückweg zum Bahnhof ein kleines Wäldchen, in dem rechts und links bereits die Flakgeschütze donnerten. Ich fand das ungeheuer spannend. Furcht empfand ich nicht. So gelangten wir an eine Brücke, welche den kleinen Fluss Lohe überspannte, der das Stadtgebiet von dem Vorort Opperau trennte. Um diese Brücke herum lagerten sich einige deutsche Soldaten, die sich zum Teil eingegraben hatten. Sie hatten die Aufgabe, die Brücke zu beschützen, beziehungsweise sie in die Luft zu sprengen, wenn die Russen sich nähern sollten. Sie hatten aber auch den Befehl, keine Zivilisten mehr aus dem Stadtgebiet herauszulassen. So wurden wir beide mit unseren Fahrrädern gestoppt und nicht herübergelassen. Meine Mutter versuchte verzweifelt, den Kommandanten zu überzeugen, dass sie zu ihren Kindern zurückkehren müsse. In diesem Augenblick begann ein Tieffliegerangriff auf die Brücke, und meine Mutter wurde mit aller Gewalt von den Soldaten in einen Graben gerissen, damit wir nicht getroffen würden. Sie bekam daraufhin einen totalen Nervenzusammenbruch mit Herzkollaps und wir wurden beide in ein nahe gelegenes Haus gebracht, wobei wir von den Soldaten bewacht, aber zugleich auch versorgt werden sollten, bis die Situation sich geklärt hatte. Ich selbst fand die ganze Situation weiterhin nur abenteuerlich. Ich versuchte, ein dort stehendes Motorrad flottzumachen, was mir jedoch ohne Werkzeug nicht gelang, und beobachtete die militärischen Vorgänge an der Brücke. In einem der Räume entdeckte ich einen Plattenspieler, setzte ihn in Gang und hörte stundenlang Wagner-Opern, die ich dort vorfand. Insbesondere die Ouvertüre zu den *Meistersingern* hatte es mir angetan, bis der Plattenspieler seinen Geist aufgab. – In der Zwischenzeit hatte sich der Belagerungsring total geschlossen, und wir wurden in ein anderes Haus gebracht, denn jeden Augenblick erwarteten die Soldaten den Generalangriff der Russen.

Der Sturmangriff

In diesem Haus fand sich nun eine Gruppe von fünfzehn bunt zusammengewürfelten Menschen zusammen – ein älteres Ehepaar, Frauen mit Kindern, meine Mutter und ich –, die auf den Sturmangriff warteten. Zunächst begann jedoch ein immer näher kommendes Trommelfeuer der russischen Artillerie, das zwei Tage anhalten sollte. Die Einschläge näherten sich immer mehr unserem Haus und die Erschütterungen wurden heftiger. Ich sah, wie ein Möbelstück nach dem anderen verrutschte, Bilder, Uhren von den Wänden fielen und Menschen in Todesangst um mich herum beteten. Ich erlebte das Ganze nur mit einem seltsamen Staunen, denn ich fühlte keine Furcht. Die innere Gewissheit, unsterblich zu sein, zeigte sich in diesem Augenblick; denn dieses Gefühl war mir seit jenem Erlebnis geblieben, da mir die Erkenntnis aufleuchtete, schon viele Male auf der Erde gelebt zu haben und somit nicht mit diesem Körper identisch zu sein. Das Gefühl sollte mir auch weiterhin erhalten bleiben und den Untergrund bilden, aus dem heraus sich meine Furchtlosigkeit erklärte. – Wenn wir in einer kurzen Feuerpause aus unserer Kellerwohnung auf die Straße hinausgehen konnten, sahen wir in der Ferne das von allen Seiten umzingelte Breslau auf breitester Front in hellen Flammen lodern. Hoch über dem Himmel zischten unaufhörlich die russischen Raketen, die »Stalinorgeln«, mit einem eigenartig jaulenden Ton, und wir hörten auch in der Ferne das Bombardement und den Artilleriebeschuss, der sich gezielt auf das Stadtzentrum richtete, um die Stadt sturmreif zu schießen.

Nach etwa zwei Tagen – es war der 15. Februar 1945 – ging die erste Angriffswelle der russischen Bodentruppen über uns hinweg. Dann aber stürmte ein Trupp nach dem anderen in unseren

Keller herunter, die Maschinenpistolen im Anschlag, und forderte die Frauen auf mitzukommen. Wenn sie nicht schnell genug folgten, dann fegten sie mit einer Maschinengewehrgarbe durch den Raum, so dass der Putz von den Wänden flog. In diesen Situationen erlebten wir das Gefühl der tiefsten Ohnmacht. Wenn manchmal ein russischer Offizier der deutschen Sprache mächtig war, stellte er sich in den Raum und hielt eine Rechtfertigungsrede mit dem Hinweis darauf, dass ja die deutschen Soldaten in Russland auch seine Familie ermordet und das Dorf niedergebrannt hätten. Immer wieder, wenn eine neue Einsatztruppe kam, gab es die gleichen Szenen, sechs Wochen lang. Ich erlebte das Tier im Menschen.

Ich hatte mich mit meiner Mutter eines Tages in einem Holzverschlag des Kellers versteckt, doch die Russen fanden uns, und als ich mich dazwischenwerfen wollte, schlug mich einer mit der Pistole nieder. Ich ging zu Boden, doch seltsamerweise verspürte ich keinen Schmerz. Bei meiner Mutter aber blieben lebenslange Verletzungen zurück, die sie, am Boden liegend, durch brutale Fußtritte erhalten hatte. Als ich wieder zu mir kam, schwor ich tief in meinem Herzen, Rache zu nehmen.

Gefangen

Es war Anfang März, immer noch lag tiefer Schnee. Da kam eine Abordnung russischer Soldaten in unseren Keller und suchte nach Männern. Sie sollten »mitkommen zur Registratur«. Wohl oder übel ging ich auch mit, bekam draußen von einem Russen ein altes Fahrrad in die Hand gedrückt und musste mitfahren bis nach Herrmannsdorf, wo sich die russische Kommandantur befand. Dort wurde ich offensichtlich registriert und bekam einen russischen Eintrag in das einzige Dokument, das ich noch bei mir führte; es war eine Besucherkarte der Breslauer Schulzahnklinik. Meinen originalen Ausweis, den ich ursprünglich von der Hitler-Jugend bekommen hatte, hatte ich weggeworfen aus Sorge, ich könnte wegen Angehörigkeit zu einer Nazi-Organisation verhaftet werden. Kaum hatte ich jedoch die Kommandantur verlassen, warteten draußen einige Russen und nahmen mich gefangen mit der Behauptung, alle deutschen Männer seien Soldaten oder würden zum Volkssturm gehören. Wer keines von beiden ist, ist Partisan! Ich war im Januar erst fünfzehn geworden, doch hatte ich keine Chance, der Gefangennahme zu entgehen. Später erfuhr ich, dass viele andere junge Leute unter vierzehn, sogar ab zwölf Jahren, aus ihren Familien mitgenommen wurden, um sie in ein Arbeitslager zu stecken und letztendlich nach Russland zu transportieren.

Von dem Moment meiner Gefangennahme an wurde ich zusammen mit anderen Männern von einem Lager ins andere geschleppt. Unterwegs hörten wir, dass die Russen Kopfgelder ausgesetzt hatten für jeden deutschen Mann, den sie gefangen nehmen konnten. So sammelten die Russen allmählich immer mehr Zivilisten zwischen zwölf und achtzig, und wer nicht laufen konnte, wurde auf einen Leiterwagen mitgeschleift. Doch zunächst ahnten wir nicht, wohin es gehen sollte. Zunächst wurden wir in ein kleines Sammellager in der Nähe eines russischen Lazaretts eingesperrt und mussten tagsüber Schutt, Abfall und alles mögliche Gerümpel, das aus dem Krankenhaus heraustransportiert wurde, beseitigen. – Unser »Lager« bestand zunächst nur aus einer leer geräumten Wohnung. Einige Tage später ging es unter scharfer Bewachung in das nächste Sammellager nach Trebnitz, einem größeren Ort in Schlesien. Unterwegs machten wir nachts einmal Station in einem teilweise ausgebrannten Bauernhof. In einem Zimmer lag dort ein halber geschlachteter Ochse, wenn auch nicht mehr ganz frisch. Aber hungrig, wie wir waren, schnitten wir uns die besten Stücke herunter und ich packte einen Teil davon in eine Blechbüchse, die ich in einer Ecke gefunden hatte. Im alten Küchenschrank fand ich außerdem noch ein paar Pakete mit Hundekuchen. Das war zum Glück ein wenig Proviant, der mir half, diesen Gewaltmarsch bei Schnee und eisigem Wind, nur dürftig bekleidet, bis nach Trebnitz durchzuhalten.

Kaum waren wir dort angekommen, begann eine strenge Leibesvisitation. Den Gefangenen wurde alles abgenommen, was sie noch in ihren Taschen hatten. Ich hatte seltsamerweise das Gefühl, dass dieser Ausweis mit dem russischen Registrierungstext noch nützlich sein könnte, und als ich den Soldaten auf mich zukommen sah mit der Aufforderung, die Arme hochzunehmen, sagte eine Stimme in mir: Nimm es in die Hand! Es waren zwei Dinge, die später lebensrettend sein sollten – das war eben jener Ausweis und ein maschinengeschriebener Brief meines Vaters, in dem eine Übersetzung des Briefes des Apostel Paulus an die Epheser abgedruckt war. Mein Vater hatte mir diesen Brief als eine wichtige Neuübersetzung von Emil Bock aus dem Felde geschickt. Er gehörte zur letzten Post, die ich von meinem Vater damals bekommen habe. Beides hatte ich nun in meiner rechten, nach hinten gekehrten Hand und so konnte ich tatsächlich die Dokumente auf diese Weise retten.

Die Kolonne der Gefangenen war inzwischen auf etwa zweihundert Mann angewachsen, weil aus anderen Sammellagern noch andere Gruppen dazugestoßen waren. Dazu gehörten auch deutsche Soldaten, die unterwegs gefangen genommen wurden. In einem Hügel in Trebnitz befanden sich zwei große Stollen, die in den Berg hineingetrieben waren. Dort wurde ursprünglich das im Winter gefrorene natürliche Eis gesammelt. Es waren die sogenannten Eiskeller der Firma Kiepke-Bier. In diese Stollen wurden wir nun hineingepfercht, weil sie eine sichere Verwahrung erlaubten. Zunächst wurde jeder kahl geschoren, damit er als Gefangener kenntlich blieb, und wir mussten uns auf den knöchelhoch mit Eiswasser gefüllten Boden legen. Es waren zwar Holzroste auf dem Boden aufgestellt, aber die Feuchtigkeit dieses stockdunklen Eiskellers und die Kälte durchdrangen uns bis in die Knochen. Sechs Wochen lang wurden wir dort gefangen gehalten, mehr als fünf Pellkartoffeln und einen halben Liter Wasser täglich gab es nicht.

Nach sechs Wochen begann der Weitermarsch Richtung Osten mit einer Zwischenstation in einer Zuchthauszelle. Die letzten Brocken meines Hundekuchens und die letzten Stücke Fleisch, die ich bei mir hatte, waren zu Ende gegangen, als wir endlich in dem großen Sammellager in Trachenberg in der Nähe der polnischen

Grenze ankamen. Es war ein riesiges, altes Schulgebäude, vor dem wir Aufstellung nehmen mussten. Wieder und wieder wurde durchgezählt, um festzustellen, ob die Zahl noch stimmte. In diesem Sammellager stellte man immer wieder Transporte von zweitausend Gefangenen zusammen, um sie in Güterwaggons zu verfrachten und als billige Arbeiter nach Russland zu transportieren.

Nach zwei Tagen war die Zahl komplett und es sollte zum Abtransport gehen. Ich hatte mich mit einem gleichaltrigen jungen Mann etwas angefreundet, und beide hatten wir das Gefühl, dass wir um jeden Preis verhindern mussten, mit auf diesen Transport zu kommen. Also versteckten wir uns im Dachboden des riesigen Gebäudes. Nachdem wir etwa zwei Tage dort versteckt geblieben waren, kam die nächste Gruppe von Gefangenen und wurde in die leer geräumten Schulräume einquartiert bis zum nächsten Transport. Während alledem hatten wir die stille Hoffnung, dass der Krieg irgendwann zu Ende sein würde und die Situation der Gefangenen damit beendet werden könnte. Also versuchten wir, einfach Zeit zu gewinnen. – Und wieder hieß es für den nächsten Transport: »Antreten zur Zählung!«. Mein Kamerad und ich schlichen uns als Letzte aus dem Dachboden herunter, und stellten uns dazu, da wir ja wieder etwas zu essen brauchten. Doch die Zahl zweitausend war schon komplett und wir beide waren überzählig. Als der Kontrolloffizier das sah, riss er seine Pistole aus dem Halfter, richtete sie auf uns, schrie: »Spione!« und wollte uns erschießen. Es blieb uns nichts anderes übrig, als den Blick auszuhalten und mit Gesten und Worten zu versuchen, ihn zu besänftigen, so dass er nach einiger Zeit wieder die Waffe senkte und wir jetzt als Ersatzgefangene diesem ganzen Trupp eingegliedert wurden.

Weiter ging es in das nächste Sammellager. Es war ein großer, mit Stacheldraht umzäunter Barackenkomplex, ein ehemaliges Arbeitslager, das direkt an der polnischen Grenze lag. Im Hintergrund der Baracken erstreckte sich ein weites, aber völlig überschwemmtes Feldgebiet, so dass dieses Lager fast ganz von Wasser umschlossen schien. Ich hatte das Gefühl: jetzt wird es endgültig ernst, und überlegte, wie ich diesem Transport entkommen könnte. Meine Augen schweiften angestrengt über das Gelände jenseits des Stacheldrahtes und suchten nach einer Fluchtmöglichkeit. Doch der eine oder andere hatte bereits den Versuch gemacht und war gefasst worden. So ergab sich zunächst keine Möglichkeit zur Flucht. Die Tage waren lähmend und die Verpflegung wurde immer schlechter. Außer einer schwarzen Brühe, die so etwas Ähnliches wie Kaffee sein sollte, und einer ganz dünnen Suppe einmal am Tag bekamen wir nichts zu essen. Wer eine Maus zu fangen bekam, konnte von Glück sagen. Ja, ich versuchte, die letzten Grashalme, die um die Baracken wuchsen, in einer Blechbüchse garzukochen. Das schlug fehl, denn ich entdeckte, dass Gras sich nicht weichkochen lässt und nicht essbar ist.

Nach einigen Tagen wurde eine Arbeitstruppe zusammengestellt, zu der ich auch gehörte. Man führte uns bewacht aus dem Lager heraus, und wir mussten einen kleinen Gebäudekomplex reinigen. Dort hatten die Russen sämtliches Mobiliar und Inventar durch die Fenster auf den Hof geworfen, um die Räume zum Übernachten freizubekommen. Es war ein riesiger Gerümpelhaufen, den wir abtransportieren mussten. Plötzlich stieß ich auf eine Kiste, aus der eine ganze Reihe Geldscheine herausfielen. Mehrere Geldscheine waren auch in dem durchnässten Müll verstreut. Aber wir lachten nur darüber, denn das Geld hatte keinen Wert mehr. Wo konnte man noch etwas kaufen? Einige nahmen es mit, um das Geld als Klopapier zu verwenden. Ich selbst suchte mir die schönsten Zwanzig-, Fünfzig- und Hundertmarkscheine heraus und steckte sie in meine Tasche. Ich wusste natürlich nicht, ob ich es jemals wieder verwerten könnte, denn nach allem, was wir sahen an Zerstörungen, an Zusammenbruch der Zivilisation, schien uns die Welt zu Ende zu sein. Und doch muss wohl der Schimmer einer Hoffnung noch vorhanden gewesen sein. – Nachdem die Arbeit geleistet war, wurden wir wieder in das Lager zurückgebracht. Am nächsten Morgen hieß es: »Antreten – Abtransport«. Der Güterzug stand bereit. Nur die Allerkränksten, die nicht mehr transportfähig waren, durften vortreten und wurden von einer russischen Ärztin einmal hin- und hergedreht, um sich begutachten zu lassen. Doch solange sie noch stehen konnten, schickte sie sie wieder weg. Dann hieß es plötzlich, alle Männer unter sechzehn sollten vortreten, sie würden entlassen werden. Doch wer konnte schon beweisen, dass er noch nicht sechzehn war? Und jetzt kam in mein Bewusstsein, dass ich ja meinen Ausweis der Schulzahnklinik mit einem russischen Registrierungstext bei mir versteckt hatte. Ich trat entschlossen vor und legte ihn dem Offizier auf den Tisch. Er schaute ihn sehr aufmerksam an, schaute mich an, dann wieder den Ausweis, schaute mich nochmals prüfend an, las wieder den Text, gab mir die Karte zurück und sagte: »dawai«. Ich konnte heraustreten und wurde zu der Gruppe gestellt, die morgen entlassen werden sollte.

Am nächsten Morgen waren wir die Ersten, die sich am Lagertor versammeln sollten. Ich hatte es sehr eilig und war unter den ersten zehn. Vielleicht hatte ich eine Ahnung, dass die Sache doch nicht so glatt gehen sollte. Das Tor öffnete sich, es wurde gezählt bis zehn, dann trat der Offizier dazwischen, machte die Tür wieder zu und sagte: »Stopp. Es reicht.« Das heißt, die zehn, die hinter uns waren, wurden wieder zurückgeschickt, um dem Russlandtransport eingegliedert zu werden. Es war ein harter Schlag des Schicksals für die betreffenden Kameraden. Doch auch meine Gruppe war noch nicht in sicherer Freiheit. Wir hatten ein gemeinsames Entlassungspapier, auf dem unsere Namen standen, doch kaum wähnten wir uns in Freiheit und versuchten, Richtung Heimat, das heißt Richtung Breslau loszumarschieren, als ein neuer Trupp russischer Soldaten auf uns zustürmte, uns die Gewehre vor die Nase hielt und uns aufforderte mitzukommen. Wieder wurden wir zu einer Arbeit eingesetzt, die wir schon einmal gemacht hatten: Schutt und Gerümpel mussten weggeräumt werden. Aber wenigstens bekamen wir dafür dieses Mal etwas zu essen. Nachdem die Arbeit geleistet war, wurden wir weggeschickt und durften uns endlich auf die Landstraße begeben Richtung Heimat.

Doch noch war Krieg. Überall wimmelte es von Soldaten. Zugleich sahen wir aber ganze Scharen von Zivilisten westwärts ziehen mit Pferdewagen, Leiterwagen und zu Fuß, beladen mit Gepäck. Es waren vor allem Frauen, Kinder und alte Männer, Men-

32

1945, rettender Ausweis in der Gefangenschaft

schen, die aus den deutschen Ostgebieten vertrieben worden waren, um den nachrückenden polnischen Siedlern Platz zu machen. Wir ahnten damals noch nicht, welche Bedeutung das haben sollte. – Mehrere Tage und Nächte waren wir unterwegs, da wir nur langsam vorankamen, weil wir ausgehungert und geschwächt waren. Unser gemeinsames Ziel war, wie gesagt, zunächst Breslau, und der Weg sollte uns über Herrmannsdorf führen. Doch kaum hatten wir uns dieser kleinen Stadt genähert, die wir auf jeden Fall durchqueren mussten, wurden wir von zwei Seiten von russischen Soldaten eingekreist, und es begann offensichtlich ein Streit, wem wir gehören sollten. Der Streit wurde durch die lautstärkere Gruppe entschieden, und so kamen wir letztendlich in das Lager zurück, in dem wir schon einmal untergebracht waren, um für das russische Lazarett zu arbeiten. Wir hatten etwa vier Tage nichts gegessen und waren völlig ausgehungert. Da kam ein russischer Posten und brachte uns mehrere Eimer mit Suppe, die wir ihnen gierig aus den Händen rissen. Essen konnte man das nicht nennen, was sich jetzt abspielte; wir schütteten die Suppe nur so in uns hinein. Mir wurde daraufhin dermaßen übel, dass ich das Gefühl hatte, ich müsste platzen. Als ich dann noch einen Beutel mit Backpulver, den ich in einem alten Küchenschrank gefunden hatte, in meiner Verzweiflung in mich hineinschüttete – in der Meinung, damit den Verdauungsprozess zu beschleunigen –, war es ganz aus mit mir, und ich konnte nur noch Kopfstand machen. – Als nach einigen Tagen eine neue Mannschaft zusammengestellt war, ging es wieder den gleichen Weg zurück, den wir schon einmal marschiert waren. Eine Farce des Schicksals: Wieder ging es in die Eiskeller von Trebnitz und dann weiter nach Trachenberg, an die Verladerampen und zuletzt in den Güterzug, der uns endgültig nach Russland bringen sollte. Diesmal gab es kein Entrinnen.

Ich weiß nicht, auf welcher Strecke wir in diesen dunklen fensterlosen Güterwagen transportiert wurden; nur hin und wieder konnten wir durch eine Ritze spähen oder durch die Tür, wenn diese aufgemacht wurde, um uns zu kontrollieren. Auf jeden Fall ging es auf den noch verbliebenen Schienenwegen Richtung Osten. Wir fuhren an Tschentochau vorbei, und konnten immerhin herausfinden, dass es die Strecke nach Lemberg war.

In der letzten Nacht vor der russischen Grenze wurden wir jedoch durch heftige Schießereien geweckt. Der Zug war zum Stillstand gekommen, und einige Kameraden sprachen von Streit, der zwischen polnischen und russischen Soldaten ausgebrochen sei. Die russischen Soldaten hatten in den vorderen Waggons mehrere Güter aus Deutschland verladen, die sie mit nach Russland nehmen wollten, unter anderem einen Flügel. Doch da dieses Gebiet den Polen zugesprochen war, erhoben die Polen Anspruch auf diese Kulturgüter und ließen den Zug nicht weiterfahren. So lautete zumindest das Gerücht. – Zu diesem Zeitpunkt muss offenbar ein neuer Befehl eingetroffen sein, denn der Zug wurde umrangiert und fuhr plötzlich wieder in die entgegengesetzte westliche Richtung! Wir landeten schließlich in Oberschlesien in dem Industrieort Kattowitz. Dort wurden wir ausgeladen, durchgezählt und in leer geräumte Arbeitersiedlungen gesteckt. Offensichtlich sollten wir für einen speziellen Arbeitseinsatz vorbereitet werden. Zu essen gab es, außer einer bräunlichen Wasserbrühe, nichts.

Es war inzwischen Mai geworden und Scharen von Maikäfern flogen umher. Und so lehnten wir uns im ersten Stock, in dem wir untergebracht waren, aus dem Fenster und versuchten, die Maikäfer zu fangen, was uns auch tatsächlich gelang. Einige Kameraden hatten in dem in der Küche vorhandenen Ofen einen Topf mit Wasser entdeckt, machten Feuer und versuchten, die Maikäfer zu einer Brühe zu verarbeiten. Ich brachte es dann doch nicht über mich, davon zu kosten.

Zwei Tage später begann am frühen Morgen draußen auf dem Hof eine heftige Schießerei. Wir wussten nicht, was los war, schauten zum Fenster hinaus und sahen, wie die russischen Soldaten die Gewehre schwenkten, in die Luft schossen, jubelten und tanzten. Es war der Tag der Kapitulation – der 9. Mai. Mussolini hätten sie an den Genitalien aufgehängt, wurde uns verkündet, der Krieg sei zu Ende. War das auch eine hoffnungsvolle Wende für uns?

Am nächsten Tag wurden wir wieder in Marsch gesetzt. Wir liefen auf der Autobahn Richtung Nordwesten, ohne Verpflegung, ohne Wasser, unter einer Sonne, die für diese Jahreszeit ungewöhnlich heiß auf uns herunterbrannte. Viele brachen vor Durst zusammen. Und jetzt erinnerte ich mich an meinen alten Lehrer Kotschate, der erzählt hatte, dass er einen solchen Marsch als Gefangener mit einem Kieselstein im Mund überlebt hätte. So suchte

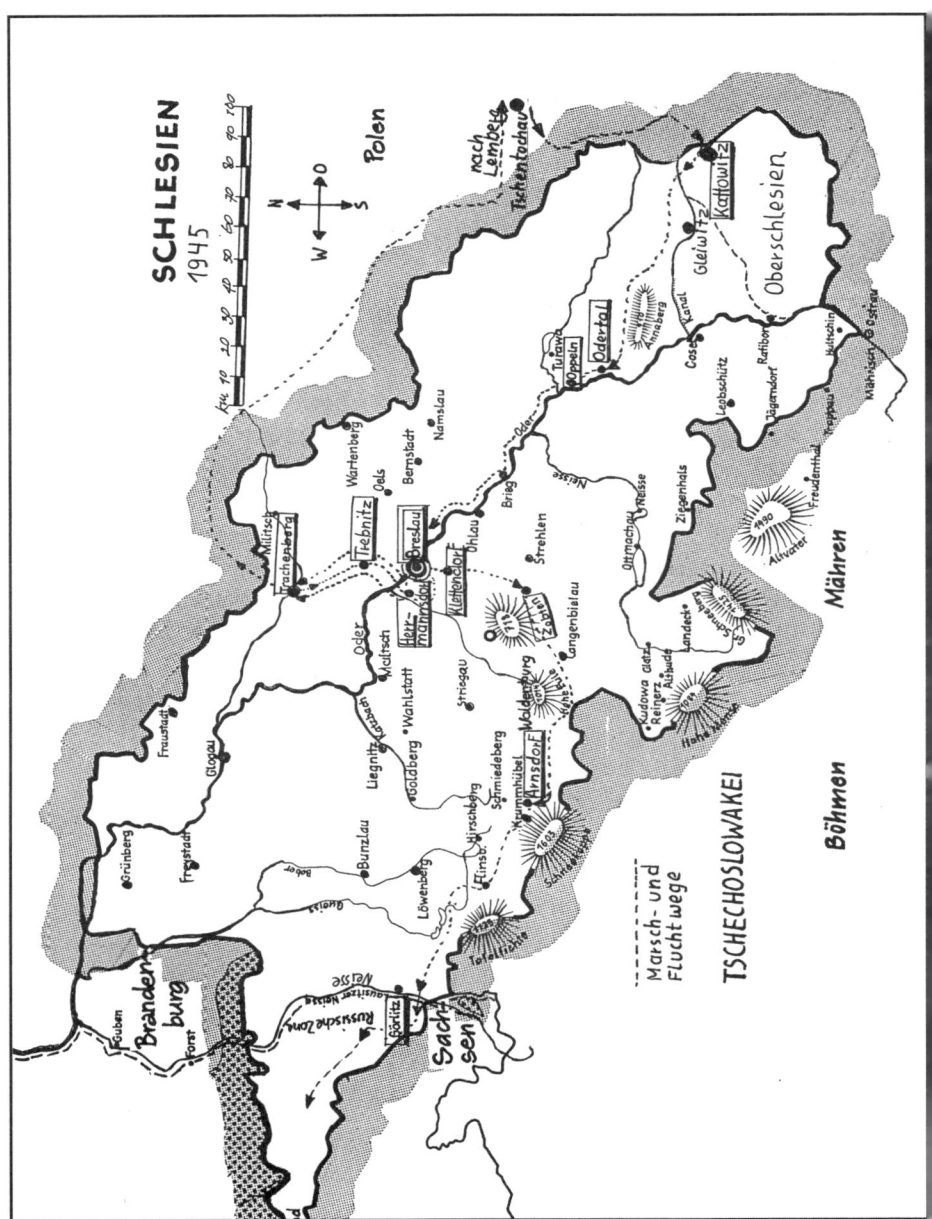

ich mir einen Kieselstein, nahm ihn in den Mund – und in der Tat, ich konnte auf diese Weise, weil sich Speichel im Mund sammelte, lange, lange Zeit das Durstgefühl unterdrücken. Irgendwann einmal kamen wir durch ein Dorf. Eine Reihe von Bewohnern standen mit Wassereimern am Straßenrand, um uns zu trinken zu geben. Einige von uns schütteten das Wasser gierig in großen Mengen in sich hinein, bekamen einen Kreislaufkollaps und blieben auf der Straße liegen. Da ich wenig Durst spürte, kam ich gar nicht erst in die Versuchung, das Gleiche zu tun. Und so konnte ich, mit meinem Kieselstein im Mund, durchhalten, bis wir nach einem zweitägigen Gewaltmarsch in einem ehemaligen Konzentrations- und Arbeitslager bei Odertal in der Nähe von Oppeln ankamen.

Das Arbeitslager

Wir fühlten uns fast erleichtert, als wir das große, zweiflügelige Tor des Konzentrationslagers durchschritten und in die Baracken eingewiesen wurden. Einige Kameraden machten Feuer und rösteten Kartoffeln, die sie unterwegs auf den Feldern aufgelesen hatten. Doch ich war mit meiner Kraft am Ende und fiel in Ohnmacht. Wie lange ich dort lag, weiß ich nicht. Es war inzwischen Nacht geworden. Wir taumelten in die Baracken, in denen sogenannte vierstöckige Betten standen, die aus nichts anderem bestanden als aus Lattenrosten, deren Höhenabstand so war, dass man nicht einmal aufrecht sitzen konnte.

Am nächsten Morgen gab es einen halben Liter schwarzbraune Kaffeebrühe und zweihundert Gramm Brot, das einen seltsam chemischen Beigeschmack hatte. Mittags erhielten wir eine Suppe, die aus heißem Wasser bestand, in dem einige Kartoffel- und Kohlstücke schwammen, abends noch einmal das Gleiche. Immerhin füllte es ein wenig unsere Mägen. Am übernächsten Tag wurden wir um vier Uhr morgens geweckt, bekamen unseren Kaffee, zwei Scheiben Brot und dann ging es in einem einstündigen Fußmarsch zu einem in der Nähe gelegenen Fabrikkomplex. Es waren die Schaffgott'schen Chemiewerke, die im Osten eine ähnliche Rolle spielten wie die Werke der IG Farben im Westen. Diese bereits durch einen Bombenangriff teilweise zerstörten Anlagen sollten von uns demontiert werden, damit sie in Russland wieder aufgebaut werden konnten. Jeden Morgen hieß es jetzt um vier Uhr aufstehen und erst nachts um zehn bei Anbruch der Dunkelheit zurück ins Lager – achtzehn Stunden harte Arbeit, Fußmarsch inbegriffen.

In einem benachbarten Barackenkomplex waren russische Soldaten untergebracht, die uns bewachen sollten. Täglich fuhren sie auf Lastwagen zu den chemischen Werken. Unsere Kolonne folgte ihnen langsam zu Fuß. Schon in der Ferne hörte ich die Gesänge der russischen Soldaten, und es war seltsam: In dem Augenblick, da ich diese wunderbaren, zum Teil religiösen Gesänge meiner russischen Bewacher hörte, verflog aller Hass, und ich war zutiefst berührt und erhoben im Hören dieser gewaltigen, naturhaften Musik, die aus den Kehlen dieser russischen Soldaten fast wie ein Schrei zu Gott hervorbrach. Wir erfuhren später, dass sie keinesfalls in einer sehr viel besseren Lage waren als wir Gefangene. Und so, wie ich das Tier im Menschen erlebt hatte mit der gierig-brutalen Behandlung der Frauen, so erlebte ich hier den himmlischen Teil des Menschen, der mit ganzer Seelenkraft sich in die Musik hineinsteigerte. Dieses Erlebnis der singenden Soldaten sollte mir später eine Hilfe sein, den Racheschwur, den ich einmal getan hatte, zu überwinden, und zu verzeihen.

Es war ein seltsames Erlebnis: Während ich mich erinnerte, dass ich ein Jahr zuvor noch in meinem Garten arbeitete, Mohrrüben erntete, Hühner und Kaninchen versorgte, saß ich nun in luftiger Höhe auf dem Gerippe eines Stahlgebäudes und musste riesige Träger demontieren, schwere Stahlplatten von gewaltigen Kesseln auseinandernehmen, mit einem schweren Vorschlaghammer und Meißel Nieten abschlagen, Elektromotoren und Rohre zerlegen, um sie dann auf Güterwagen nach Russland fahren zu lassen. Durch die katastrophal unzureichende Ernährung wurden immer mehr meiner Mitgefangenen krank. Jede kleine Verletzung wurde zu einem Eiterherd, ohne dass wir irgendeine medizinische Versorgungsmöglichkeit gehabt hätten. Die Krankheiten breiteten sich aus und viele starben. Wer einen verzweifelten Fluchtversuch unternahm und erwischt wurde, wurde erschlagen und tagelang zur Abschreckung vor das Lagertor gelegt. Jeden Morgen vor dem Abmarsch zur Arbeit nahmen wir Aufstellung. Oft wurden dann Einzelne aus der Kolonne herausgesondert und zu einem speziellen Arbeitstrupp zusammengestellt. In der großen Kolonne fühlte man sich einigermaßen sicher, aber jede Aussonderung ließ instinktive Angst hochkommen. Und so weigerte ich mich eines Tages vorzutreten. Da nahm ein Soldat einen Ziegelstein und warf ihn mir mit voller Wucht ins Kreuz. Und wieder geschah das Seltsame: Ich fühlte keinen Schmerz! Da war etwas, was mich schützte.

Es war inzwischen Sommer geworden und meine Kräfte ließen so sehr nach, dass ich das Gefühl hatte, bald würde auch ich sterben. Ich schleppte meinen Körper nur noch mühsam zur Arbeit. Das Industriegelände war ein riesiger Komplex und zum Teil umgeben von Kornfeldern. In der Ferne konnte man im Westen den Oderfluss ahnen. Und so hatte ich die Gelegenheit benutzt, als ich hoch oben auf einem Stahlgerüst arbeiten musste, mir die Landschaft sehr genau anzuschauen und überlegt, wie es möglich wäre zu fliehen. Schon mehrere meiner Kameraden hatten von hier aus die Flucht gewagt. Ein älterer weihte mich in seinen Plan ein und versprach mir, mich mitzunehmen, wenn er eine Gelegenheit wahrnehmen könnte. Doch eines Tages war auch er verschwunden, ohne mich mitzunehmen. Ich wusste, wenn hier die letzten Maschinen verladen wären, dann würden wir ebenfalls auf den nächsten Güterzug verfrachtet werden, um in Russland diese Fabrik wieder aufzubauen. Und ich war sicher, das würde mein Ende sein, so geschwächt wie ich bereits war.

Ich gehörte zu einem Arbeitstrupp junger Leute im Alter von zwölf bis sechzehn, der von einem langen ehrgeizigen Berliner angeführt wurde. Um sich lieb Kind bei den russischen Wächtern zu machen, spornte er uns immer wieder zu höherer Leistung an. Ich konnte das nicht verstehen, da er doch auch ein Deutscher war. – In der Hoffnung, dass unserem Elend vielleicht bald ein Ende gemacht werden würde, hielten wir immer wieder nach amerikanischen Flugzeugen Ausschau. Der Krieg war ja doch vorbei. Doch nichts geschah. – So kam der 15. August heran. Die letzten Teile sollten verladen werden. Noch stand ein riesiger, etwa vierzig Meter hoher Mast, der als Kran gedient hatte. Er wurde durch Stahlseile gehalten und sollte nun umgelegt werden. Ich nutzte eine kleine Arbeitspause und setzte mich auf einen Holzblock in der Nähe eines alten Splittergrabens, der ursprünglich einmal als Luftschutzstollen diente. Jetzt wurde er als Kloake benutzt, und sein Gestank wehte zu mir herüber. Da kam jener Gruppenführer auf mich zu und schrie mich an: »Du Jung'sche Karotte, willst du gefälligst arbeiten!« Das entfachte in mir in meiner Hilflosigkeit zunächst nur eine lebhafte Empörung. Doch dann fuhr es wie ein Blitz in mich hinein und ich sagte mir: Verlass dich auf niemanden mehr, nur noch auf dich selbst! Nimm dein Schicksal in die Hand! – Seitdem bin ich *ich selbst* geworden, und ich verdanke den Anstoß dazu diesem Berliner Gruppenführer! – Im nächsten Augenblick ereignete sich Folgendes: Der riesige Stahlmast musste umgelegt werden, die Schweißbrenner waren gezündet und sollten die Stahltrossen durchtrennen. Alle schauten mit großer Spannung zu und warteten auf den Moment, in dem dieser Riese stürzen sollte. Und in dem Augenblick, als das geschah, sprang ich auf und rannte, so schnell ich konnte, in den hinter mir liegenden Splittergraben, watete durch eine Menge Unrat und Kot und hatte dabei gleichzeitig den Gedanken: Das wird dich vor den Suchhunden schützen, sie werden deine Spur hier nicht finden. Damit kroch ich tiefer in den Graben hinein, der von oben zugedeckt war, so dass mich von außen niemand sehen konnte. Ich war nun entschlossen, um jeden Preis die Flucht zu wagen. Ich hörte noch den gewaltigen Donner des stürzenden Stahlriesen, dann war es zunächst eine Weile still. Plötzlich hörte ich Schreie, Fluchen und näher kommendes Hundegebell. Aber ich rührte mich nicht. Ich war todmüde und schlief kurze Zeit darauf ein.

Die Flucht

Ich wusste, es war Vollmond, und ich nahm mir vor, die Flucht in dieser Nacht zu wagen, noch ehe der Mond in voller Höhe am Himmel stehen würde. Ich hatte zuvor das Gelände einigermaßen ausgespäht. Doch ich schlief lange, und als ich erwachte, war es bereits tiefe Nacht und der Mond stand hoch am Himmel. Vorsichtig schlich ich mich von einem Schatten werfenden Gebäudeteil zum anderen in Richtung Grenzzaun. Ich wusste, da waren Bahngeleise, Bombentrichter und unübersichtliches Gelände, aber es war zugleich die Zone der patrouillierenden Posten. So robbte ich mich an die Postenstraße heran. Angespannt wartete ich auf jenen Augenblick, da die Posten einander den Rücken kehren würden, um dann mit einem Sprung über die Straße zu den Bahngeleisen zu gelangen. Als der Mond sich ein wenig verdunkelte, wagte ich den Sprung. Dann hastete ich in höchster innerer Anspannung vorwärts. Außer Hundegebell war nichts weiter zu hören und es blieb zunächst dunkel. Ich arbeitete mich von einem Bombentrichter zum anderen in Richtung Kornfeld vor. Irgendetwas musste jedoch bemerkt worden sein, denn plötzlich flammten die Scheinwerfer auf und tasteten das Gelände ab. Dann peitschten Schüsse über die Gegend, aber sie erwischten mich nicht. Durch ein Loch im Zaun war ich auf das angrenzende Kornfeld gelangt, auf welchem zum Teil noch die Ähren in voller Höhe standen. Eine Zeit lang versteckte ich mich darin und lauschte in die Nacht. Dann stolperte ich weiter, barfuß über ein schon gemähtes Stoppelfeld. Die kleinen Holzbretter, die ich als Schuhersatz unter meine Füße gebunden hatten, waren im Morast eines Bombentrichters stecken geblieben. Ich rannte um mein Leben, immer nach Westen, Richtung Oder, dem untergehenden Mond entgegen. Ich rannte solange, bis ich an einen Bauernhof kam. Ein altes Nebengebäude war mein Ziel. Es war ein Heuschober, und mit letzter Kraft und voller Verzweiflung krallte ich mich mit den Fingern in die Ziegelsteine der brüchigen Mauer, kletterte hinauf unter das Dach und versteckte mich im Heu. Dort fiel ich zunächst in einen tiefen Schlaf.

Ich muss wohl etwa zwei Tage und Nächte einen todähnlichen Schlaf geschlafen haben. Als ich endlich erwachte, schaute ich vorsichtig heraus um festzustellen, wem der Hof gehörte. Da sah ich eine offensichtlich deutsche Bauersfrau. Als sie mich entdeckte, hob sie ihren Kopf zu mir empor, und als sie verständnisvoll lächelte, wagte ich herunterzusteigen. Das erste Mal nach zweieinhalb Tagen bekam ich wieder etwas zu essen, denn die Bäuerin brachte mir eine warme Suppe, die mir unendlich wohlschmeckend vorkam. Ich schien gerettet zu sein. Von ihr erfuhr ich, dass die Oder nur wenige Kilometer westwärts verlief und dass es die Möglichkeit gab, auf dem Oderdamm entlang Richtung Breslau zu laufen. Also keine Straßen, keine Ortschaften, immer nur an dem Oderdamm entlang, das war mein Ziel. Denn da ich kahl geschoren war, hätte mich jeder russische Posten sofort als Gefangenen erkannt, und die Flucht wäre zu Ende gewesen.

Doch noch einmal sollte ich erwischt werden. Ich begegnete einer russischen Patrouille und wurde zum Verhör gebracht. Der russische Offizier sprach etwas Deutsch und fragte mich, woher ich komme. Er fragte mich nach meinen Papieren und fand jenen Ausweis, der mir schon einmal das Leben gerettet hatte, und die Schreibmaschinenkopie des Briefs des Apostels Paulus. Er nahm sie in die Hand, las das Wort »Paulus«, richtete sich drohend auf und fragte, ob ich zur Armee des General Paulus gehörte, der vor Stalingrad gekämpft hatte. Ich versuchte nun ihm deutlich zu machen, dass es ein Brief des Apostel Paulus sei, doch er verstand mich nicht. In diesem Augenblick hatte ich die innere Eingebung: Mach ihm ein Zeichen, damit er versteht, dass es sich um den Apostel, den Anhänger des Christus, handelt. Ich machte ein energisches Kreuz vor ihm. Und in diesem Augenblick sank er in seinen Sessel zurück, schaute mich ganz seltsam an, reichte mir den Brief zurück und sagte: »Du kannst gehen.« Ungläubig trat ich den Rückweg an und war wieder auf der Straße. Wieder einmal war ich gerettet.

Als ich den Oderdamm erreichte und an ein Wehr gelangte war die Strömung so stark, dass es mir nicht möglich war, auf die westliche Seite zu gelangen. Denn das war mein Ziel, weil ich meinte, dort seien die Polen und nicht die Russen. Und so musste ich wohl oder übel auf der Ostseite entlangwandern. Doch schon nach wenigen Kilometern kam ich an eine Stelle, die als Minenfeld gekennzeichnet und mit Stacheldraht markiert war. Sollte ich doch auf die Landstraße ausweichen?. Doch ich wollte um keinen Preis in ein Dorf, um wieder geschnappt zu werden. So stand ich längere Zeit vor diesem Minenfeld mit dem deutlich markierenden Schild »Minu«. Doch dann entschied ich mich, hindurchzugehen und das Dorf zu meiden. Schritt für Schritt tastete ich den Boden ab, und es gelang – nichts geschah mir. Hatte mich auch hier wieder eine höhere, intelligente Kraft geschützt und begleitet? – So setzte ich meinen Fußmarsch weiter fort, bis ich vor Hunger nicht mehr laufen konnte. Nun musste ich doch ein Dorf ansteuern, um etwas Essbares zu finden.

Es war Erntezeit, und ich sah in der Ferne einige Bauern auf dem Feld, wie sie gerade die Korngarben in ihre Leiterwagen verluden. Als ich mich ihnen näherte, nahmen sie mich freundlich auf und gaben mir etwas zu essen. Ich fragte, ob ich bei ihnen eine Zeit verbringen könne, weil ich zu schwach sei weiterzulaufen. Sie stimmten dem zu, unter der Bedingung, dass ich bereit sei zu arbeiten. Ich sagte freudig ja, wurde von ihnen mitgenommen und durfte das erste Mal wieder in Ruhe in einer kleinen Dachkammer schlafen. Es war ein tiefer friedlicher Schlaf.

Als nach einigen Tagen die Ernte eingebracht war, musste ich Holz hacken. Das fiel mir jedoch so schwer, dass ich kaum die Axt habe heben, geschweige denn einen Klotz spalten können. Doch es war mir klar, dass ich auf irgendeine Weise wieder zu Kräften kommen musste, sonst würde ich den Marsch nach Breslau nicht schaffen.

Zum Glück entdeckte ich einige versteckte Nester, in welche die Hühner ihre Eier legten. Diese sammelte ich ein und ließ sie unbemerkt in einem riesigen Bottich für Schweinekartoffeln mitkochen. So konnte ich die recht mageren Mahlzeiten etwas aufbessern. Nach vierzehn Tagen war ich so weit wieder bei Kräften, dass ich den Weitermarsch Richtung Breslau wagen konnte. Um

nicht nochmals gefangen genommen zu werden, musste ich auch
weiterhin alle Straßen durch die Dörfer vermeiden. So blieb mir
nur der Weg entlang der Oder über die Dämme und Wiesen.
Barfuß und mit wunden Füßen schaffte ich täglich nicht mehr als
höchstens zwanzig Kilometer. So brauchte ich mehrere Tage, um
mich Breslau zu nähern.

Hoffnung

Endlich erreichte ich meine geliebte Stadt. Aber ich sah nur
Trümmerfelder und konnte kaum die Straßen wieder erkennen,
durch die ich viele Male gelaufen war. Dennoch arbeitete ich
mich durch die Trümmer hindurch und gelangte zu meinem Garten. Ich hatte die Hoffnung, dort einiges Gemüse zu finden.
Doch das Einzige, was ich vorfand, war der wunderbare, reife
Mohn. Ich öffnete die Kapseln und sammelte sie in einer Blechbüchse als Not-Proviant. Ein paar Zwiebeln, die ich ausbuddelte,
stellten sich allerdings beim Zubeißen als Tulpenzwiebeln heraus.
Alles Übrige war auch hier zerstört. Ebenso das Siedlungshaus in
der Nähe, in dem wir gewohnt hatten. Es war bis auf die Grund-
mauern in sich zusammengestürzt. Dennoch versuchte ich, unter
den Trümmern noch einige Dinge zu finden, die vielleicht
brauchbar waren. Durch ein Kellerfenster zwängte ich mich in
die Dunkelheit, aus der mir ein merkwürdiger Geruch entgegen
kam. Ich hatte Furcht, jeden Augenblick auf eine Leiche zu sto-
ßen. Da ich jedoch im Dunkeln nichts finden konnte, kroch ich
wieder nach draußen und fand beim Herumschauen an einem in
der Nähe stehenden Kastanienbaum einen Zettel. In meiner großen Erleichterung konnte ich die verwitterte Schrift als die meiner Mutter entziffern und las: »Ich bin hier gewesen und bin nach
Zobten zu unseren Verwandten gegangen« – das erste Lebenszei-
chen von ihr! Das gab mir Hoffnung. Nun wusste ich auch, welchen Weg ich weiter einzuschlagen hatte.
    Meine Mutter, so erfuhr ich später, hatte ein ähnliches Schick-
sal wie ich erlitten. Sie war mit anderen Frauen ebenfalls in ein

44

1945, Breslau,
Stadt in
Trümmern

Arbeitslager verschleppt worden. Auf einem Marsch war sie jedoch unterwegs so schwer zusammengebrochen, dass man sie im
Straßengraben hatte liegen lassen. Mit letzter Kraft gelangte sie
später auf einem abenteuerlichen Weg bis an die Fulda und ließ
sich in einen Kohlensack auf einem Güterzug einnähen, der über
die Grenze nach Westen fahren sollte. Völlig erschöpft kam sie in

dem vereinbarten Ort Bad Wörishofen an und fand dort meine Großmutter und meine drei jüngeren Geschwister wieder.

Für mich war zu diesem Zeitpunkt der ganze Westen Deutschlands ein völlig unbekanntes Gebiet. Und so wanderte ich auf den Spuren meiner Mutter zunächst einmal weiter Richtung Zobten, wo ich hoffte, zumindest die Freunde und Verwandten meiner Familie zu finden. Inzwischen hatte ich viele Dörfer und Orte gesehen, in denen nichts als schwarze Mauern und abgebrannte Baumstümpfe standen. Und ich hatte den Eindruck: Das ist das Ende der Welt. Wie kann die Zivilisation wieder weitergehen, so fragte ich mich, wenn alles vernichtet, verbrannt und zerstört ist? Das prägte sich tief in meine Seele ein und sollte auch später mein Leben mitbestimmen. – In Zobten traf ich endlich unsere Verwandten und erfuhr von ihnen, dass meine Mutter zwar dagewesen, aber weitergewandert sei Richtung Westen. – Nach ein paar Tagen Ruhe machte ich mich also auch wieder auf den Weg.

Stallbursche, Bäcker und Kutscher

Das nächste Ziel, das ich erreichen wollte, war der Ort Arnsdorf im Riesengebirge. Ich hoffte, dort wenigstens meine Tante zu finden, bei der ich oft meine Ferien verbracht hatte. Anfang September kam ich dort an und wurde von ihr und ihren drei Kindern freudig aufgenommen. Sie besorgte mir eine Arbeitsstelle in der großen Mühle des Ortes, zu der eine Bäckerei und ein Bauernhof gehörten. Der ganze Betrieb war inzwischen von einem aus den Ostgebieten vertriebenen Polen übernommen worden, aber die deutschen Knechte und Mägde waren geblieben. Ich war froh, eine Stelle gefunden zu haben, und so begann meine kleine »Berufs-Karriere« zunächst als Kuhjunge. Ich musste acht aus verschiedenen Höfen stammende Kühe auf einer kleinen Wiese hüten, die von einem Klee-, einem Kartoffel- und einem Rübenfeld und auf der anderen Seite von einem kleinen Fluss begrenzt war. Es war eine schwierige Aufgabe, diese bunt zusammenge-

46

würfelte Herde zusammenzuhalten! Ich half mir dadurch, dass ich meine Tasche mit kleinen Kieselsteinen füllte, und immer, wenn die Kühe in einen der Äcker abdriften wollten, traf ich sie mit einem gezielten Wurf, so dass sie umkehren mussten.

Eine Zeit lang arbeitete ich als Stallbursche und half auch beim Melken. Und als ich gelernt hatte, den Kuhstall auszumisten, ohne mich dabei zu bekleckern, hatte ich das Gefühl: Das habe ich jetzt gelernt. Die nächste Aufgabe lag in der Bäckerei, die mit einem Holzofen betrieben wurde. Da hieß es jeden Morgen um drei Uhr aufzustehen, um vier Uhr in der Bäckerei zu sein, den Sauerteig anzusetzen, Brötchen und Brote zu kneten. Während das Brot im Ofen buk, stand ich draußen auf dem Hof und zerkleinerte die riesigen Scheite, die wir brauchten, um den Holzbackofen einzuheizen. Im Anschluss daran ging es in den Stall, um die Pferde zu striegeln und auszumisten. – Es war wieder ein langer Arbeitstag von morgens vier bis nachts um zehn. Wenn ich zurückblicke, wundere ich mich, dass ich das durchgestanden habe. Aber offensichtlich wurde ich durch diese Arbeit auch wieder kräftiger. – Allmählich lernte ich mit den Pferden umzugehen und durfte nicht nur mit dem Kastenwagen Transporte machen, sondern an bestimmten Abenden den wunderschönen Kutschwagen, einen »Landauer«, anspannen und den Chef zu seinen Abendvergnügungen fahren. Für diese Arbeit bekam ich Brot, Milch, Eier, Mehl und 20 Zloty. Damit konnte ich meine Familie, d.h. meine Tante und ihre drei Kinder, einigermaßen mitversorgen.

Inzwischen war es Winter geworden, und in der verfügbaren Zeit zwischen dem Brotbacken und der Stallpflege fuhren wir in den Wald zum Bäumefällen, um das Holz für den Ofen heranzuschaffen. Dabei mussten wir uns mit dem Pferdeschlitten durch meterhohen Schnee hindurcharbeiten. Doch sonntags hatte ich auch das Vergnügen, mit zwei schwarzen Rappen und einem wunderschönen russischen Personenschlitten und Glockengeläut den Chef zu seinen Nachbarn zu kutschieren, was mir immer ein besonderes Vergnügen war.

Ich fühlte mich jedoch noch immer illegal an dem Ort, da ich ja aus der Gefangenschaft geflohen war, und ich war mir meiner

Existenz nicht ganz sicher. Diesen Zustand teilte ich mit einem Cousin, der auf einem Nachbarhof arbeitete und auch geflohen war. Es war inzwischen Februar 1946, und es erreichte uns die Nachricht, Winston Churchill habe eine Rede gehalten, in der er unmissverständlich gesagt hätte, dass der eigentliche Feind Russland sei und nicht Deutschland. So entstand die Befürchtung bei uns, dass möglicherweise wieder ein Krieg bevorstünde. Daraufhin begannen wir uns zu überlegen, ob wir nicht noch weiter nach Westen flüchten sollten. So bereiteten wir also unsere weitere Flucht vor. Wir mussten von der polnischen durch die russische Besatzungszone, um dann weiter nach Westen zu gelangen. Ohne Papiere und voll Furcht, noch einmal gefangen genommen zu werden, wollten wir unseren Weg jenseits der offiziellen Straßen suchen. Die Flucht sollte unbemerkt von der polnischen Dorfbehörde vonstatten gehen, nur unsere Verwandten waren eingeweiht. So brachen wir eines Nachts auf in Richtung Neiße. Südlich der Stadt Görlitz sollte eine gesprengte Brücke liegen, bei der man von der polnischen Seite mittels eines Floßes auf die andere, deutsche Seite in die Freiheit kommen könne.

Die Flucht nach dem Westen

Wieder waren es ungewöhnliche Wege, die wir nachts über die Felder oder durch den Wald hindurch suchten. Wenn der Himmel bewölkt war, versuchten wir, die Himmelsrichtung an der Färbung der Baumstämme zu erkennen. Und in der Tat – es gelang uns, jene Stelle an der Neiße zu finden, die man uns beschrieben hatte. Kaum waren wir aber dort angekommen, tauchte eine Patrouille von polnischen Soldaten auf, nahm uns wieder gefangen und sperrte uns in ein Kellerverlies. Nachdem sie uns eine Nacht lang dort hatten sitzen lassen und sämtliche Gegenstände, die für sie wertvoll erschienen, abgenommen hatten, jagten sie uns am nächsten Morgen wieder davon. Die Reichsmarkscheine hatten sie allerdings nicht gefunden, weil ich sie von meiner Tante in den Hosenboden hatte einnähen lassen. So konnte ich sie tatsächlich noch in den Westen hinüberretten, und es wurde das erste Kapital, mit dem ich dann drüben kleine Unternehmungen startete. So schnell änderten sich die Werte!

Wie wir ohne Karte und abseits der Straße den Übergang an der Neiße fanden, ist mir heute noch ein Rätsel. Es war ein früher nebliger Morgen, als wir wieder an dem Neiße-Fluss ankamen, aber das Floß, von dem man uns erzählt hatte, lag auf der anderen Seite und von der gesprengten Brücke ragte nur noch das eiserne Geländer aus dem Wasser. So blieb uns also nichts anderes übrig, als diese schräg in das strömende eiskalte Wasser hineinragende Brücke zu betreten. Wir schoben uns an dem Geländer langsam vorwärts. Mein Kamerad war größer und kräftiger als ich und schob sich gegen die heftige Strömung ankämpfend voraus. Er konnte sich gerade noch an einem Eisen an Land ziehen. Ich war hinter ihm, und das eiskalte Schmelzwasser ging mir schon bis an die Hüften. Ich spürte meine Beine nicht mehr, und als ich von dem reißenden Strom beinahe fortgerissen wurde, erwischte ich noch im letzten Augenblick eine Stahlstrebe, an der ich mich festklammerte. Dann erfasste er meine andere Hand und riss mich herüber ans westliche Ufer. Ich spürte meinen unteren Körper kaum mehr und brauchte einige Zeit, um wieder warm zu werden.

Währenddessen war eine junge Frau auf der anderen, östlichen Seite der Neiße angekommen und wollte ebenfalls herüberkommen. Wir machten von der westlichen Seite aus das Floß los und zogen es hinüber, so dass sie aufsteigen konnte. Wir hatten aber keine Erfahrung, und als das Floß in der Mitte des reißenden Stromes war, kenterte es, und sie drohte mitsamt ihren Koffern in den Fluss zu kippen. In diesem dramatischen Augenblick tauchte ein deutscher Wächter auf, der wohl zu den Bauarbeitern gehörte, und schrie uns an, wir würden etwas Verbotenes tun, er würde uns sofort auf die Polizeiwache bringen und uns gefangen setzen. Es war eine groteske Situation: Wir hatten das Gefühl, endlich in die Freiheit gelangt zu sein und man würde sich freuen, dass wir den Weg in die Freiheit geschafft hätten. Doch dass wir mit einer Drohung empfangen wurden, war nach der Freude, das Ufer erreicht zu haben, zunächst ein tiefer Schock und eine Enttäuschung. Doch was tun? Um frei zu kommen, drückten wir kurz entschlossen dem uns bedrohenden Wächter das Zugseil des Floßes in die Hand, damit er die junge Frau herüberziehen konnte, und machten uns – seine Verblüffung nutzend – im gleichen Augenblick auf und davon und rannten über die Wiese Richtung Westen.

Wieder war ein entscheidendes Stück unserer Flucht geglückt. Es waren immerhin noch einige hundert Kilometer bis zur Westgrenze der amerikanischen Besatzungszone. Nachts schliefen wir in Ställen, tags wagten wir jetzt schon auf der Straße zu laufen. Manchmal benutzten wir das Dach von Güterzügen, um ein Stück schneller vorwärts zu kommen. Aber wir hatten noch keine Papiere, und die brauchten wir, um über die Westgrenze zu kommen. Als wir nach einigen Tagen in dem kleinen thüringischen Städtchen Weißenfels ankamen und etwas ratlos Richtung Rathaus gingen, trafen wir einen Mann, der uns in einer eindringlichen Weise ins Gesicht schaute und sagte: »Ihr seid doch Flüchtlinge! Und ihr kommt aus der Gefangenschaft.« Wir stutzten etwas, aber er kam näher und sagte: »Habt keine Angst, ihr braucht doch Papiere. Ich kann euch sagen, wie man zu diesen Papieren gelangt. Geht in das Rathaus direkt in das Zimmer des Bürgermeisters und sagt ganz ehrlich, wer ihr seid.« Und in der Tat – als wir seinem Rat folgten, wurde uns dort, allein auf unsere persönlichen Angaben hin, Papiere ausgestellt, die wir dringend brauchten. Es war das erste Mal, dass wir uns wieder legal in einem Land aufgenommen fühlten. Mit einem provisorischen Personalausweis kamen wir dann in ein Umsiedlungslager und konnten von dort aus mit dem Zug die Westgrenze überqueren. Erst hier fühlten wir uns endgültig in Freiheit, und unsere Wege trennten sich nun zu dem jeweils angegebenen Zielort mit der Hoffnung, dort die eigene Familie wiederzufinden.

BAD WÖRISHOFEN

Am 26. März kam ich endlich in Bad Wörishofen an. Hätte mein Vater uns nicht diesen Namen immer wieder tief eingeprägt, wir hätten uns wahrscheinlich so schnell nicht wiedergefunden. Auf dem Bahnhof angekommen, erfuhr ich sehr schnell die Adresse und das Haus des alten Holz- und Krippenschnitzers Rubner, in dem sich meine Familie aufhalten sollte. Es war seltsam. Wenn ich heute zurückblicke, so erscheint es mir, als wenn ich – wie vieles andere – auch dieses Haus in dem mir völlig unbekannten Ort wie im Traum gefunden habe. Als ich es betrat, fiel mein Blick erst einmal auf eine riesige holzgeschnitzte Krippe mit wunderschönen Figuren. Dann stieg ich eine alte Holztreppe hinauf bis unter das Dach und stand plötzlich ohne irgendeine Vorankündigung mitten in dem Dachzimmer, in dem meine Familie als Flüchtlinge einquartiert war. Meine drei Geschwister hatten sich hier schon eingefunden. Meine Großmutter war mit meiner elfjährigen Schwester und meinem jüngsten Bruder auf abenteuerlichen Wegen über die Tschechoslowakei noch vor meiner Mutter hierher gelangt.

Als ich so unerwartet mitten in dem kleinen Zimmer stand, fiel meine Mutter beinahe in Ohnmacht. Ein Jahr war vergangen, seit ich von ihrer Seite weg in Gefangenschaft geraten war und Bekannte ihr meinen Mantel gebracht hatten in der Meinung, sie hätten mich als Toten gesehen. Mein Vater war zu dieser Zeit selbst noch in russischer Gefangenschaft und sollte erst eineinhalb Jahre später freigelassen werden.

Am nächsten Tag gab es eine Überraschung. Als meine Mutter mich bei der Behörde als neues wiedergefundenes Familienmitglied anmelden wollte, wurde ihr gesagt, das ginge nur, wenn ich sofort eine Arbeit nachweisen könnte, ansonsten müsse ich wieder abreisen. Das war die freundliche Aufnahme in Bayern! Was

Herbst 1944, mit jüngstem Bruder   1947, nach Gefangenschaft

tun? Ich hatte während der Gefangenschaft immer bemerkt, dass technisch begabte und ausgebildete Männer, zum Beispiel Elektriker oder Ingenieure, besonders bevorzugt behandelt wurden, wenn man sie brauchte. Das hatte mich beeindruckt. Außerdem hatte ich immer schon ein großes Interesse an technischen Dingen gehabt und wollte die verborgenen Zusammenhänge in der Natur und Technik verstehen. Also begab sich meine Mutter auf die Suche nach einer entsprechenden Lehrstelle.

Bereits einen Tag später wurde sie fündig. Ein junger Elektro- und Hochfrequenzingenieur, der aus der Tschechoslowakei stammte, hatte hier in einem Lazarett eine Krankenschwester und seine spätere Frau kennen gelernt und mit ihrer Hilfe in Bad Wörishofen in einem Keller eine kleine Radiowerkstatt eingerichtet. Da er gerade einen zweiten Lehrling suchte, kam ich zum rechten Zeitpunkt und schloss meinem Lehrvertrag mit ihm ab. Seltsam – wieder einmal fügte sich innerer Wunsch und Notwendigkeit mit einer äußeren Situation. – Ein neuer Lebensabschnitt sollte beginnen.

Ich war jedoch gesundheitlich noch immer in keiner guten Verfassung. Während der Gefangenschaft hatte ich mein Gedächtnis fast total verloren. Ich konnte mich an nichts mehr erinnern, an kein Fremdsprachenwort, an keine Rechenaufgabe, an keine Formel; alles war ausgelöscht. Erst jetzt, am Anfang dieses Jahres, kehrten langsam meine Erinnerungen zurück. In irgendeiner Weise hatte ich wie im Traum gelebt und hatte doch alles ganz real erlebt. Es begann nun eine Zeit, in der ich bewusst auf das Erlebte zurückblicken und versuchen konnte, es aufzuarbeiten. Was war mit mir geschehen?

Trotz des Krieges hatte ich bis dahin eigentlich, dank meiner Eltern, eine schöne Jugend gehabt und konnte mich verlockenden Zukunftsträumen hingeben. Nun lag alles hinter mir in Trümmern. War das eine besondere Fügung? War darin ein Sinn zu erkennen? – Ich hatte gerade vier Jahre lang die Volksschule besucht und wurde nach knapp drei Jahren Mittelschule ohne Abschluss durch die Kriegsereignisse herausgerissen. Zudem war ich während der ersten Schuljahre ein schlechter Schüler gewesen. Nun hatte ich dazu noch mein Gedächtnis verloren. Ich hatte das tiefe Grundgefühl: Alles, was mir bis dahin in meinem Leben etwas wert war, ist mir genommen worden. Ich stand an einem absoluten Nullpunkt.

Vor das dringliche Problem gestellt, eine Tätigkeit finden zu müssen, um überhaupt in Bad Wörishofen bleiben zu können, kam ein Schulbesuch nicht in Frage, sondern nur die Annahme einer handwerklichen Arbeit. Und genau das sollte mir auch die Möglichkeit geben, auf einem praktischen Erfahrungsweg die Entwicklung meiner persönlichen und beruflichen Fähigkeiten in Angriff zu nehmen. – Zugleich war die Notwendigkeit sichtbar geworden, für meine drei jüngeren Geschwister eine Art Familienvorstand darzustellen, denn meine Mutter war noch immer schwer krank, mein Vater noch vermisst, bzw. nicht aus russischer Gefangenschaft zurückgekehrt.

Die Lehrzeit

Mein äußeres Leben verbrachte ich mit vielfältiger reger Tätigkeit. Mein Chef war ein kleines Genie, insofern er viele berufliche Fertigkeiten beherrschte. Durch seine erfinderische Fantasie verwandelten sich vor seinen Augen scheinbar nutzlose Gegenstände in brauchbare Materialien. Mit dieser Fähigkeit stampfte er in kurzer Zeit einen kleinen Fertigungsbetrieb für hochfrequenztechnische Geräte und Radios aus dem Boden.

Noch gab es kaum funktionierende Betriebe, von denen man irgendwelche Materialien oder Teile kaufen konnte; so musste alles selbst hergestellt werden. Die Dielenbretter des unbenutzten Dachbodens der eben gemieteten Halle wurden von uns herausgerissen und daraus Regale und Werkbänke gebaut. Auf einem nahe gelegenen ehemaligen Militärflugplatz stand eine ganze Reihe abgewrackter Militärflugzeuge. Dorthin ging unsere tägliche Wanderung, um tonnenweise Material in unsere Werkstatt zu schleppen. Wir bauten Instrumente, Motoren, elektrische Leitungen, Kupferspulen und sonstiges Material aus; die Flugzeuge wurden enthäutet und das Aluminiumblech sorgfältig herausgesägt, um daraus die Grundbauteile für unsere zu fertigenden Radiogeräte herzustellen. Aus stillgelegten Güterwagen sägten wir dicke Rund- und Flacheisen heraus, um daraus die erforderlichen Lautsprecher-Chassis und anderes herzustellen. So entstand förmlich aus dem Nichts eine kleine Produktion von Elektrokochern, Radiogeräten und Messinstrumenten – begehrte Artikel in einer Zeit, wo es noch kaum etwas gab. – Außer dem Chef bestand die Belegschaft aus seiner Frau, die die Buchhaltung machte, und zwei Rundfunkmechaniker-Gesellen. Allmählich kamen noch etwa zwanzig Lehrlingen hinzu. Während dieser Zeit lernte ich eine außerordentliche Fülle von Dingen kennen und handhaben. Ich lernte Sägen, Bohren, Schweißen, Schmieden, Löten, Pläne entwerfen, kurz: ich lernte alles selbst herzustellen, was man heute fertig kaufen kann – Motoren, Widerstände, Lautsprecherspulen, Messinstrumente, letztendlich ganze Radios.

So schwer es mir fiel, mit Zahlen umzugehen, so leicht gelang es jedoch, mir die verschiedenen handwerklichen Fertigkeiten anzueignen. Ich lernte von den Dingen!

Die Berufsfachschule besuchte ich gerne und holte mit lebhaftem Interesse alles nach, was ich in der Schulzeit versäumt bzw. was ich durch meinen Gedächtnisverlust verloren hatte. Nach zweieinhalb Jahren konnte ich meine vorgezogene Gesellenprüfung ablegen.

Den vielfältigen Fähigkeiten meines Chefs verdanke ich außerordentlich viel von dem, was ich im späteren Leben gebrauchen und anwenden konnte. Auf der anderen Seite war er ein Mensch, der rücksichtslos seine Lehrlinge ausbeutete, und wenn es Widerstand gab, sie heftigst beschimpfte und unterdrückte.

Als dann die Währungsreform im Jahr 1948 kam, geriet der Betrieb in Turbulenzen, weil mein Chef hohe Vermögenswerte auf seine private Seite geschafft hatte. Fast alle Lehrlinge wurden vor Ablauf des Vertragsverhältnisses entlassen. Obgleich ich durch dieses abrupte Ende einen gewissen Hass gegen ihn empfand und prozessieren wollte, gelang es mir, in der Rückerinnerung mich so mit dieser zwiespältigen Persönlichkeit auseinanderzusetzen, dass ich den Hass überwinden und ihn sogar in das Gefühl der Dankbarkeit für diese Begegnung verwandeln konnte.

Ich lebte während dieser Zeit mit meinen drei Geschwistern und meiner Mutter in zwei kleinen ehemaligen Pensionszimmern von je acht Quadratmetern, in denen wir zu zweit in einem Bett schlafen mussten. Dennoch war es möglich, in einem dieser kleinen Zimmer in einem Schrank eine winzige kleine Werkstatt einzurichten und eine eigene Instrumenten- und Radioproduktion zu beginnen. Ich entwarf eigene Schaltpläne, ging auf »Raubzug« zu neu entdeckten Militärflughäfen, kam schwer beladen mit brauchbaren Materialien zurück und versorgte mit den gebauten Geräten meine Familie und meine Bekannten. – Noch gab es in dieser Zeit außerordentlich wenig zu essen. Geld hatten wir kaum, außer dem wenigen, was wir durch befreundete Menschen an Spenden zugesteckt bekamen. Da mein Vater immer noch nicht zurückgekehrt war, musste ich auch die Belange der Familie vertreten. Um unsere Ernährung aufzubessern, begann ich nebenbei wieder eine kleine Kaninchenzucht.

Die Lehre und Tätigkeit als Rundfunk- und Hochfrequenz-technikér war die eine Erlebnisdimension dieser Zeit: Innerlich befand ich mich mit diesem Beruf durchaus in Einklang, zumal er mir die Möglichkeit bot, nicht nur theoretisch, sondern im praktischen Umgang mit den Materialien und mit den geheimnisvollen Kräften des Elektromagnetismus Erfahrungen zu sammeln und in die Geheimnisse der Materie einzudringen. Die Frage nach den dort wirkenden Kräften hatte mich ja schon seit dem neunten Lebensjahr beschäftigt. Hier konnte ich nun in der täglichen Praxis verfolgen, wie sich sinnliche Elemente – Sprache und Musik – durch das Medium des Elektromagnetismus in etwas nicht Materielles verwandelten und auf unsichtbare Weise gesendet werden konnten, um dann durch entsprechende Geräte wiederum in hörbare sinnliche Wahrnehmungen verwandelt zu werden. Die hier wirksamen Gesetzmäßigkeiten erlebte ich mehr durch eine Art inneres Erfühlen der Kräfte, das heißt mit einer Art fühlendem Denken, statt durch abstrakte mathematische Gesetzmäßigkeiten. Ich schlüpfte förmlich in Widerstände, Kondensatoren und Röhren hinein und hatte den Eindruck, ich könne die Funktionen miterlebend nachvollziehen. Dieses tiefe, mit starkem Erleben verbundene Durchdringen materieller Vorgänge sollte eine wichtige Grundlage werden, um später die Verwandlung des Menschen von einem sinnlich-materiellen Wesen in ein geistiges zu verstehen, das unsichtbar von einem Leben zum anderen geht, um eines Tages wieder in einer sinnlich-sichtbaren Gestalt zu erscheinen. Das Verstehen und Anwenden technisch-physikalischer Kräfte wurde mir ein Schlüssel zur Erkenntnis geistiger Verwandlungsvorgänge.

Ein Doppelleben

Während dieser Zeit führte ich jedoch gleichzeitig ein völlig davon getrenntes inneres Leben. Ich war kurz nach meinem Antritt als Lehrling aufgrund einer zu spät erkannten Blinddarmentzündung mit Bauchhöhlenvereiterung ins Krankenhaus gekommen und dort wiederum nur knapp dem Tod entgangen. Das war erneut ein kräftiger Anstoß, mich mit der Frage nach dem Sinn des Lebens zu beschäftigen. – So stark ich mich nach einem zehnstündigen Arbeitstag auch den äußeren Verpflichtungen widmete, so intensiv traten noch einmal die Bilder meines vergangenen Lebens vor mich hin. Bis dahin konnte ich noch nicht verwinden, dass mir der Krieg und seine Folgen alles genommen hatte, was ich gerade erst zu lieben begonnen hatte – meine Heimatstadt, meine kleinen Errungenschaften, meine Schätze, meine Freude an den kleinen sinnlichen Genüssen des Daseins und vor allem die lebhaft vorausgeträumten Bilder eines interessanten Künstlerlebens.

Zunächst konnte ich dieses Schicksal nicht akzeptieren, ich haderte mit ihm. Ich entdeckte aber, dass ich eben auf jenen Weg gestoßen wurde, zu dem ich mich freiwillig nicht entschlossen hatte, als jene zwei Frauengestalten vor mich hintraten und mir die Wahl stellten, ein diszipliniertes und arbeitsreiches oder ein genussreiches Leben zu führen. Viele Stunden, viele Nächte verbrachte ich mit der Frage, was der Sinn dieses Lebens sei, warum mir das Schicksal so viel genommen hatte. Ich versank in einer inneren Einsamkeit. Äußerlich machte ich zwar mit anderen Menschen Musik und Wanderungen, arbeitete mit Menschen gemeinsam, versorgte meine Familie, und dennoch war ich wie in einer inneren Emigration. Ich führte eine Art Doppelleben.

Nun trat etwas Wichtiges für mich ein. Bekannte meiner Mutter wussten, dass diese sich mit Anthroposophie beschäftigt hatte, und brachten ihr eines Tages eine Zeitschrift ins Haus, *Das Goetheanum*, und dort entdeckte ich einen Aufsatz von Rudolf Steiner, *Faust und das Problem des Bösen*. Die darin entwickelten Gedanken waren für mich ein Schlüssel zum Verständnis für vieles, was ich in der vergangenen Zeit erlebt hatte: Zerstörung, Tod und das Böse im Menschen. Dass dieses Böse auch einen Sinn haben könnte und den Menschen verwandeln könnte, das wurde mir durch diese Gedanken Rudolf Steiners wie ein alles erhellendes Licht vor die Seele gestellt. Ich begann mein eigenes Leben daraufhin anders zu betrachten und zu bewerten.

Einige Zeit später bekam ich durch meine Mutter den ersten Vortragszyklus von Rudolf Steiner in die Hand, Die *Geheimnisse der Schöpfungsgeschichte*, und später *Weltenwunder – Geistesprüfungen – Seelenoffenbarungen*. In gewisser Weise entdeckte ich nun, dass es ein Glück war, dass ich durch meinen Vater, der ja seit meinem zehnten Lebensjahr Soldat war, die anthroposophischen Inhalte nicht kennen gelernt hatte, sondern dass ich sie nun allein und im Zusammenhang mit meiner Lebenserfahrung entdecken, verstehen und schätzen lernen konnte. Und so vertiefte ich mich in diese wunderbaren Gedanken und entdeckte nun eine Welt, nach der ich mich eigentlich gesehnt hatte, und die mir noch einmal aufs Neue das zum Verständnis brachten, was ich vorher nur gefühlt hatte, nämlich dass das Wesen des Menschen aus einer geistigen Welt stamme und dass das Schicksal des Menschen den tiefen Sinn hat, die Individualität des einzelnen Menschen zu entwickeln. Diese Gedanken waren so stark, dass sie mich auch während des Arbeitsalltags begleiteten. Und während ich zum Beispiel an einer Spulenwickelmaschine saß und der damals noch manuell gesteuerte Draht durch meine Finger glitt, entfalteten sich in meiner Seele zugleich die Bilder über den tieferen Sinn des Lebens.

So führte ich eine Doppelleben zwischen außen und innen. Mein äußeres Leben hatte ich zwar wiedergewonnen, hatte es gerettet, aber innerlich befand ich mich noch in einem Übergang zu einem noch nicht neu ergriffenen inneren Leben. Indem ich mich immer wieder mit den Bildern der vergangenen Erlebnisse während dieser drei Jahre konfrontierte, fand eine tiefgreifende Umschmelzung meiner Persönlichkeit statt.

Ich war inzwischen achtzehn geworden. Da begegnete ich einer jungen Frau, die sich in Bad Wörishofen zu einer Kur aufhielt. Sie war gerade von einer rätselhaften schweren Erkrankung mit hohem Fieber genesen, dessen Ursache die Ärzte nicht herausfanden. Ihre Geschichte war folgende: Sie hatte in ihrem Pädagogikstudium einen Kommilitonen kennen gelernt, der anthroposophisch orientiert war. Sie erfasste eine tiefe Liebe für ihn und wollte ihn heiraten, zumal auch das geistige Gedankengut, das sie durch ihn kennen lernte, sie zutiefst ansprach. Aber ihre Eltern waren strenge Katholiken und zwangen sie, auf diese Heirat zu verzichten. Sie konnte sich von der dogmatischen Einstellung ihrer Eltern und ihrer eigenen unbewusst aufgenommenen Überzeugung nicht befreien, fiel in Depressionen und bekam diese seltsame Fiebererkrankung, die über viele Wochen dauerte. Wir sprachen über dieses ihr Schicksal und die heutige Form der Religion. Durch sie lernte ich das Wesen der katholischen Kirche und die Wirkungen ihrer Dogmen unmittelbar kennen. Ich wusste, dass ich mit diesem Christentum nichts zu tun haben wollte, ja ich erlebte an ihr außerordentlich stark, wie diese Art der Kirchenanschauung einen Menschen fest umklammert halten und er sich nicht daraus befreien kann!

Ich hatte ja selbst die äußere Unfreiheit als Gefangener erlebt und konnte so das innere Gefangensein eines Menschen zutiefst mitvollziehen. Es entstand in mir nicht nur ein Hass gegen die katholische Kirche, sondern auch eine Abneigung gegen diese Art der sogenannten christlichen Religion. Dabei tauchte in mir zugleich eine Sehnsucht nach einem Christentum auf, das jenseits der Kirche mir ganz vertraut schien. Ich nannte es »das Willens-Christentum«. Später brachte ich es zusammen mit dem, was ich als iro-schottische Strömung des Christentums kennen lernen sollte. Daraus bildete sich mein Ideal – der Christus als Sonnengeist, der jenseits äußerer Formen wirksam und für jeden Menschen innerlich erfahrbar ist.

Diese Begegnung zwischen uns beiden dauerte nicht länger als vierzehn Tage. Sooft wir Zeit fanden, trafen wir uns und vertieften uns in langen Spaziergängen in unsere Lebensfragen und inneren Anschauungen. Die Ebene der sinnlichen Liebe sollte mir aufgrund der hinter mir liegenden Erlebnisse noch einige Jahre verschlossen bleiben. Aber desto intensiver erlebte ich in ihr *die Frau*. Die Weisheit, die in ihr als Frau verborgen lag und die ich in ihrer Seele wahrnahm, wurde für mich zum Urbild des Weiblichen. Die Frau wurde für mich zu einem Gegenstand der Verehrung.

Bei dieser Begegnung hatte ich etwas entdeckt, was mir später in einem Text über Goethes Geistesart in wunderbarer Gedankenform entgegentreten sollte. »Die höchste Tatsache des Lebens, die Trennung in das Männliche und Weibliche, wird zum Schlüssel des Menschenrätsels. Der Erkenntnisvorgang wird zum Lebens-, zum Befruchtungsvorgang. Die Seele in ihrer Tiefe wird zum Weibe, das von dem Weltengeiste befruchtet den höchsten Lebensinhalt gebiert. Das Weib wird zum Gleichnis dieser Seelentiefe. Wir steigen zu den Mysterien des Daseins hinan, indem wir uns mit dem ›Ewig-Weiblichen‹ hinanziehen lassen […] Die Verbindung mit dem Ewig-Weiblichen lässt das Kind im Menschen erstehen, das unvergänglich ist, weil es dem Ewigen angehört […] Der Menschengeist muss durch das Materielle vollständig hindurchwandeln, um sich dann erst des göttlichen Endzieles bemächtigen zu können.« Dieser Text Rudolf Steiners aus seiner Schrift »*Goethes Geistesart*« sollte mir aufgrund meiner eigenen Lebenserfahrungen wieder ein Schlüssel zu vielen Lebensrätseln werden.

Trotz der relativ kurzen Zeit dieser Begegnung fühlte ich mich zutiefst mit ihrem Schicksal verbunden und versuchte zu vermitteln und zu helfen. Doch damit stieß ich an die Grenzen meiner Möglichkeiten und erlebte das als tiefe Ohnmacht, ja als Verzweiflung. Nachdem sie wieder in ihren Heimatort abgereist war, konnte ich sie noch einmal besuchen, doch es gab keine Möglichkeit einer äußeren Verbindung. Ich hatte aber in ihr nicht nur eine tiefe und reife Menschenseele erlebt, welche die Kraft der Liebe in mir erweckte, sondern auch das Erlebnis der Verwobenheit menschlicher Schicksalsbeziehungen. Der Blick in diese seelisch-geistigen Regionen brachte mir auch noch ein tieferes Verständnis des Karma-Gedankens zum Bewusstsein. Ich entdeckte meine eigenen seelischen Untergründe, ja, ich wurde durch ein Porträt, das mein Bruder, der zum Maler ausgebildet war, von mir machte, mit meinen eigenen Doppelgängerkräften konfrontiert.

Während mich wieder einmal besonders stark dieses Ohnmachtsgefühl durch das intensive Erlebnis der Gefangenheit in karmischen Verstrickungen bis zur Verzweiflung erfasste, hatte ich in dem Gedanken an die unergründlichen und doch weisheitsvollen Kräfte und Wege des Karma plötzlich das Erlebnis,

60

dass in meinem Herzen eine Stimme ertönte, die sagte: »Nicht mein, sondern dein Wille geschehe.« Und in diesem Augenblick erfüllte mich ein tiefer lichtvoller Frieden. Eine unbeschreibliche Ruhe durchströmte mich, und ich sah, dass ich ihr Schicksal ihrem eigenen Schicksalsengel überlassen konnte, denn Er würde sie aus einer höheren Weisheit führen. Dieser Gedanke beleuchtete alles, was ich bis dahin über mich und ihr Leben gedacht hatte, und ich empfand ein tiefes Gefühl der Befreiung. – Dieses Erlebnis sollte auch in späteren Situationen immer wieder aufleuchten und mir helfen, das Leben in seinen geheimnisvollen Windungen zu verstehen und auch das Schicksal anderer Menschen in ihrer Unterschiedlichkeit gelten zu lassen.

Diese Begegnung hatte mich aus meiner inneren Einsamkeit herausgeholt, und es sollte der Anfang sein, dass ich äußeres und inneres Leben allmählich zusammenschließen konnte.

Ich schaute nochmals auf mein Leben zurück und hatte den Eindruck, es seien mehrere Leben gewesen, die ich in diesen wenigen Jahren durchlaufen haben musste. Jede berufliche Tätigkeit hatte ich mit äußerster Intensität ergriffen und durchlebt. Ich hatte sie als Urberufe der Menschheit erlebt – den Ackerbauer, den Hirten, den Kutscher, den Holzfäller, den Bäcker – und war letztendlich in einem Beruf gelandet, in welchem ich mit der modernsten Technik der Gegenwart konstruktiv arbeitete. – Hatte ich mich bis dahin mit dem rückwärts gewandten Blick uralt gefühlt, so begann allmählich mein inneres Interesse sich auch der äußeren Welt und der Zukunft zuzuwenden, und ich fühlte mich dabei immer jünger werdend. Ich erinnerte mich auch an die Vision, die ich mit zwölf Jahren hatte, als der Wunsch, unmittelbar mit Menschen zu arbeiten und ihnen etwas über ihr geistiges Wesen zu vermitteln, in mir auftrat.

In der Zwischenzeit war nach zweieinhalbjähriger Gefangenschaft mein Vater nach langem Warten aus Russland zurückgekehrt. Wie viele andere Kriegsgefangene hatte er in diesen Jahren seit Kriegsende unvorstellbare Strapazen, Demütigungen und Erkrankungen in mehreren russischen Arbeitslagern durchgemacht, die ihn mehrmals an den Rand des Todes geführt hatten.

Ohne seine meditativen Übungen, die er schon im Ersten Weltkrieg begonnen hatte, und seine geistige Orientierung, die von einer Christuserfahrung durchleuchtet war, welche ihm schon als junger Mensch zuteil wurde, hätte er wahrscheinlich nicht durchgehalten. – So tauchte er also eines Tages, Ende des Jahres 1947, überraschend in unserem engen Zimmer auf.

Meine Mutter war, obgleich er vermisst gemeldet war, durch diese ganze Zeit in einer inneren Verbindung mit ihm geblieben; immer wieder hatte sie innere, traumhafte Bilder von ihm, welche ihr signalisierten, dass er lebte, und sie gab die Gewissheit, dass er zurückkehren würde, nie auf. Obgleich er schwer krank war und in der folgenden Zeit unter anderem immer wieder schwerste lebensgefährliche Malaria-Anfälle hatte, gelang es ihm doch, nach einiger Zeit wieder zu Kräften zu kommen, so dass es ihm möglich war, nach und nach wieder seiner geliebten Landschaftsgestaltung nachzugehen. Durch ihn entstand auch eine stärkere Verbindung zu den anthroposophischen Aktivitäten in Stuttgart, von denen ich bis dahin nichts erfahren hatte. Zu meinem 18. Geburtstag hatte er mir einen Text von Rudolf Steiner über das Goethe'sche Märchen geschenkt. Jetzt, 1949, drückte er mir einen Prospekt in die Hand über die »Anthroposophischen Hochschulwochen«, die im Sommer des Jahres 1949 mit Schwerpunktthemen zu Goethes 200. Geburtstag stattfinden sollten. Nach fast drei Jahren innerer Einsamkeit hatte ich mich mit meinem Schicksal versöhnt und die Dunkelheit überwunden. Am Schluss war ich durch eine innere Wüste gegangen, die in eine absolute Leere einmündete, ehe neue Lebensimpulse zu keimen begannen. – So hatte ich eine Wandlung durchgemacht, die mich zu einem Menschen machte, der im vollen Gegensatz zu dem stand, der ich vor meiner Gefangenschaft gewesen war. Es war nicht mehr die Lust auf Abenteuer und Genuss, das Streben nach Erkenntnis und Entwicklung war an deren Stelle getreten. Ich konnte mich voll mit jener Stimmung identifizieren, die in einem Gedicht von Christian Morgenstern zum Ausdruck kommt, welches mir gerade in dieser Zeit in die Hände fiel:

Der freie Geist

O das ist Glück, wenn so zerschlagen
die Welt zu Deinen Füßen liegt.
Wohin dich deine Flügel tragen,
ist aller Raum und Zeit besiegt.
Du schnellst dich tanzend durch die Weiten
und lachst der Menschen Wert und Wort
ein Stück Natur aus Ewigkeiten
Selbsturteil, Stunde, Maß und Ort.

Und seinem Ausspruch: »Nur wer sich wandelt, bleibt mit mir verwandt« wollte ich nun folgen.

Jetzt war also der Zeitpunkt gekommen, auch äußerlich meine Grenzen zu erweitern.

Da mein Lehrlingsgehalt von monatlich vierzig Mark gänzlich für den Unterhalt der Familie aufgebraucht wurde, hatte ich mir ein Fahrrad aus alten Teilen zusammengebaut und machte mich mit diesem und ein paar Mark in der Tasche auf den Weg nach Stuttgart und hoffte sehr, dass mir mit meinen geflickten Reifen unterwegs nicht die Luft ausgehen würde.

Die Hochschulwochen

Die Fahrt nach Stuttgart verlief wie im Traum. Manchmal hängte ich mich, um schneller vorwärts zu kommen, an einen Lastwagen. Eine Gangschaltung für Fahrräder gab es damals noch nicht. Nach zehn Stunden Fahrt gelangte ich in Stuttgart an und fand auch fast ebenso traumhaft die »Freie Waldorfschule« auf der Uhlandshöhe. Dort waren bereits hunderte von jungen Leuten versammelt, die dann später in den leer geräumten Klassenzimmern der nahe gelegenen Wagenburgschule zur Übernachtung untergebracht wurden. Anlässlich des 200. Geburtstages von Goethe waren während der nächsten vier Wochen entsprechende Akzente gesetzt worden. Insgesamt gab es ein reichliches Angebot von Vorträgen, Seminaren, künstlerischen Veranstaltungen, Musik, Eurythmie und anderes. Hier lernte ich eine ganze Reihe von Persönlichkeiten kennen, die noch unmittelbare Schüler Rudolf Steiners gewesen sind und in denen die Kraft und Begeisterung weiterlebte, die sie selbst an ihm und für ihr eigenes Leben erfahren hatten. So erinnere ich mich zum Beispiel an die Vorträge von Herbert Hahn, Zeylmans van Emmichoven und an die Begegnung mit Emil Bock, den ich in der Weihehandlung erleben durfte.

Aus dem vielfältigen Angebot der Hauptkurse, die jeden Vormittag stattfanden, wählte ich den Kurs mit Herbert Witzenmann über *Rudolf Steiners Grundlinien einer Erkenntnistheorie der Goethe'schen Weltanschauung*. Ich plastizierte mit Karl Auer, machte Eurythmie mit Käthe Grohmann und Ingrid Aschenfeld und malte bei Felix Goll. Als ich die erste Eurythmie-Aufführung mit Else Klink und ihrem Ensemble erlebte – es war unter anderem das 5. Brandenburgische Konzert von Bach –, hatte ich nicht nur das Erleben, Musik sehen zu können, sondern ich fühl-

*1949, Hochschulwochen vor der
alten Eurythmiebaracke
der Waldorfschule Uhlandshöhe*

te mich in eine Welt der Musik hineingehoben, die sich mir bis
dahin noch nicht erschlossen hatte. Meine Lieblingskomponisten
waren bis dahin Mozart, »der Göttliche«, Beethoven, »der He-
roische«, Schubert, »der Romantische« und natürlich auch Richard Wagner, »der Mystische«. Aber hier, durch diese Eurythe-
mie-Aufführung, öffnete sich für mich ein Tor in eine noch höhere geistige Sphäre der Musik: Es war die Musik Johann Sebastian
Bachs, den ich als den »Geistigsten« zu lieben begann. Tiefen
Eindruck machten mir unter anderem auch die Vorträge Zeylmans' und Herbert Hahns. Ich hatte den Eindruck, dass in ihren
Gedanken ihr Lehrer Rudolf Steiner unmittelbar anwesend wäre.
Dagegen kann ich mich heute an den genauen Inhalt dessen, was
sie sagten, kaum mehr erinnern. Dennoch tauchte ich in deren
Gedanken so ein, als wären sie mir bereits bekannt.

Durch die Begegnung mit den vielen jungen Leuten meines
Alters erwachte in mir die Sehnsucht nach einer tieferen Freundschaft. Mein innerer Blick war durch die kurze Begegnung in Bad
Wörishofen geprägt, und eine solche Frau mit dieser Seelentiefe
wollte ich wieder finden. So saß ich am nächsten Morgen im alten
Festsaal der Waldorfschule auf der heute nicht mehr vorhandenen Empore und schaute hinunter in die Menge. Da fiel mein
Blick auf ein dunkelhaariges Mädchen. Als wir uns beim obliga-
ten Kartoffelschälen näher kennen lernten, stellte sich heraus,

dass auch sie an einem 29. Januar Geburtstag hatte, wie eben jene junge Frau, die ich in Bad Wörishofen kennen gelernt hatte. Ich konnte es kaum glauben! Sie war Studentin der Medizin, und wir kamen in einen regen Gedankenaustausch, der sich oft bis tief in die Nacht hinein erstreckte. Morgens konnte ich dann im Seminar von Herbert Witzenmann über »Die Grundlinien einer Erkenntnistheorie der Goetheschen Weltanschauung« kaum die Augen offen halten. Und da meine Gedächtniskraft noch immer nicht richtig wiederhergestellt war, fiel es mir nicht leicht, die hohen und genialen Gedanken, die er vor uns ausbreitete, in allen Einzelheiten festzuhalten. Aber es war wunderbar: Ich sah herrliche geometrische Figuren, wie Kristalle, aufleuchten und um ihn herum tanzen. Das beeindruckte mich zutiefst. Ich sollte erst viel später verstehen lernen, dass dies die Gedankenformen sind, die bei einem philosophisch denkenden Menschen in seiner Aura zur Erscheinung kommen.

Während dieser vier Wochen wurde ich von einer Fülle von Eindrücken durchdrungen und fühlte mich in eine Sphäre gehoben, die ich zwar immer ersehnt, aber bis dahin noch nicht kennen gelernt hatte. Ja, ich hatte den Eindruck: Dafür ist mir mein Leben geschenkt worden! Und der Gedanke trat in mir auf: Die Anthroposophie, die du hier kennen gelernt hast, hat dir dein Leben gerettet, sonst wärst du gestorben! Ich fühlte mich wie wiedergeboren. Dieser Eindruck wurde insbesondere auch dadurch noch verstärkt, dass ich das Erlebnis hatte: Alle, die ich hier höre – Seminarleiter, Vortragende, Künstler als Anthroposophen –, sprechen wie aus einem Mund; zwar hat jeder etwas ganz anderes zu sagen, etwas ganz Individuelles, er spricht auf seine persönliche Art, und doch spricht aus jedem der gleiche Geist! Ist das der Geist der Anthroposophie? Woher kenne ich den? Von diesem Geist fühlte ich mich erfasst und durchdrungen.

Auch waren hier Persönlichkeiten vertreten, die zu den verschiedensten Gruppierungen der anthroposophischen Bewegung gehörten, die sich nach Rudolf Steiners Tod getrennt hatten. Eine Gruppe von jungen Leuten, die sich »Der Hochschulkreis« nannte, hatte diese ganze Tagung organisiert und jene Persönlichkeiten aus allen Teilen Europas und der Welt zusammengeholt. Diesen Hochschulkreis sollte ich später noch näher kennen lernen, denn er war auch für die weiterführenden Aktivitäten verantwortlich.

Am Ende dieser vier Wochen hatte ich den festen Entschluss gefasst: Was ich hier als Anthroposophie kennen gelernt habe, das will ich unbedingt weiter vertiefend studieren. Auf meine Frage, ob das möglich sei, bekam ich die Antwort: »Ja, es gibt das anthroposophische ›Freie Studienjahr‹ in Stuttgart, in dem während drei Semestern die Grundwerke Rudolf Steiners studiert werden können.« In einem Gespräch mit Klaus Hofmann, einem der Vertreter dieses Hochschulkreises, wurde mir jedoch entgegengehalten, dass ich mit meinen erst neunzehn Jahren dafür noch viel zu jung sei. Da ich mich innerlich aber uralt fühlte, setzte ich entgegen, dass ich ja schon ein ganzes Leben hinter mich gebracht hätte und mich durchaus für reif hielte, dieses anspruchsvolle Studium zu beginnen. Nach Rücksprache mit Herbert Witzenmann und Friedrich Kempter, den Hauptdozenten, ging nun die Entscheidung positiv aus und ich wurde aufgenommen.

Da ich jedoch keinen Pfennig mehr in der Tasche hatte, musste ich eine Arbeit als Existenzgrundlage finden. Unter den Teilnehmern hatte ich den Kunsthistoriker und Archäologen, Prinz Friedrich-Ernst von Sachsen-Altenburg kennen gelernt. Er hatte offensichtlich Interesse an mir gefunden, und als ich ihm mein Problem darstellte, sagte er: »Ich habe gerade ein paar Aktien aus Ost-Deutschland verkauft. Hier hast du hundert Mark, das ist der Erlös davon. Damit kannst du dein Studium beginnen.« Er machte mich noch mit dem Rechtsanwalt Sigloch bekannt, der mir einen Arbeitsplatz als Malergehilfe verschaffte, bei der Schokoladenfirma »Schoko-Buck« in Stuttgart-Gablenberg, welche damals ihren Sitz in jenem Gebäudekomplex hatte, in den später die Novalis-Schule einziehen sollte. Dieses Fabrikgebäude war umgebaut worden, und es waren kilometerlange Rohre und Heizungssysteme zu streichen. Das wurde dann einige Zeit mein täglicher Job.

Studium in Stuttgart 1949: Blick auf die Königstraße mit »Königsbau« (links) und Hauptbahnhof im Hintergrund.

Nachdem ich von Geschäft zu Geschäft gegangen war, fand ich auch in dem Hause einer Bäckerei in der Neckarstraße ein Dachzimmer für fünfzehn Mark mit Tisch, Bett und einer Waschschüssel. So war zunächst einmal meine äußere Existenz gesichert.

Die spezielle Vorbereitung auf mein Anthroposohiestudium begann ich durch das Lesen des Buches *Theosophie* von Rudolf Steiner. Sofort war ich von dem Inhalt gefesselt. Ich las in den Arbeitspausen, aber auch während der Arbeit, denn ich hatte die Malerwerkstatt für mich allein. Und so ging ich manches Mal, Farbeimer und Pinsel in der Hand und das Buch in meiner Tasche, los und kletterte hoch auf die unter der Decke verlaufenden Rohrsysteme. Immer wieder zog ich das Buch, dessen Gedanken mich fesselten, aus der Tasche und schaute in den Text, durch den sich vor mir das wunderbare Bild des dreigliedrigen physischen, seelischen und geistigen Menschen entfaltete. So saß ich oft rittlings auf den Rohren, in der einen Hand den Pinsel, in der anderen die »Theosophie«.

Während einer Frühstückspause, so erinnere ich mich noch lebhaft, kam ich an die Schilderung über das Thema »Wiederver-

68

körperung des Geistes und Schicksal«. Das war für mich ein gewisser Höhepunkt. Immer deutlicher leuchtete in mir das Bewusstsein auf: Das hast du schon alles gewusst! Hier schreibt endlich einmal einer das, was in dir lebt und was du nur vergessen hast! Diese Entdeckung machte einen so tiefen Eindruck, dass ich innerlich jubelte und richtige Luftsprünge machte. – Später fragte ich mich, woher ich dieses Bewusstsein hatte und wo ich diese Gedanken schon einmal hatte kennen lernen können. Warum es gerade die *Theosophie* war, die mich so tief beeindruckte, blieb eine offene Frage. Eine Erklärung fand ich später in der Darstellung Rudolf Steiners, dass alle Menschen, die die Anthroposophie in diesem Leben kennen lernten, schon einmal vor ihrer Geburt in der übersinnlichen Welt gemeinsam in einer »Michaelschule« diese tiefen Weisheiten in ihre Seelen aufgenommen hatten, um sie später auf der Erde durch Rudolf Steiner wiederzufinden. Doch war das die einzige Erklärung?

Lernen und Arbeiten

Die folgenden drei Semester in diesem Studienjahr legten geistig einen existenziellen Grund. Ich gewann nicht nur neues Wissen und holte nach, was ich durch die abgebrochene Schulzeit versäumt hatte, sondern ich fühlte mich mehr und mehr von neuem inneren Leben durchdrungen. Durch die speziellen Konzentrations- und insbesondere durch die sechs Nebenübungen gelang es mir auch, mein Gedächtnis allmählich wieder herzustellen. Die täglichen Hauptkurse wurden ergänzt durch wunderbare Fachkurse über verschiedene Lebensgebiete und durch verschiedene künstlerische Übungen. Das ganze erste Semester war ausgefüllt mit dem Studium der *Geheimwissenschaft im Umriss* von Rudolf Steiner. Ich hatte das Gefühl, tief, tief in meine eigenen seelischen Untergründe hinunterzutauchen und dort jene Weisheit zu finden, die er in Gedankenform in diesem Buch niedergelegt hatte. Es war wie ein Wiedererinnern an weit zurückliegende Menschheitszustände, die wir alle in unserer Entwicklung durchlaufen hatten.

 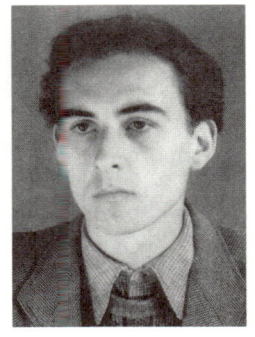 

1949   1950   1952

Im Wesentlichen waren es die beiden Dozenten Herbert Witzenmann und Friedrich Kempter, die sich in etwa vierwöchigem
Abstand epochenweise ablösten, um uns durch methodische und
inhaltliche Anregungen den Weg zu diesen geistigen Erkenntnissen aufzuzeigen. Herbert Witzenmann gelang es immer wieder,
uns die herrliche Architektur der Gedankenformen in den Darstellungen erlebbar zu machen; Friedrich Kempter hatte uns in
seiner mehr künstlerischer Art immer wieder eindrucksvolle Bilder vor die Seele stellen und vielfältige Verbindungen zu äußeren
Lebensvorgängen aufzeigen können. Erst im zweiten Semester
kam für mich das Studium der *Philosophie der Freiheit* von Rudolf Steiner dran. Ich glaube, dass ich gerade durch das vorange-
gangene Studium der *Geheimwissenschaft* und durch dieses Erinnern an die gewaltigen Bilder der Menschheitsentwicklung in
mir überhaupt erst die Kraft gewonnen habe, die Gegenwart des
eigenen lebendigen Denkens überhaupt ergreifen zu können. Die
beiden menschlichen Urkräfte – Denken und Wahrnehmen –
wurden jetzt für mich Erlebnis.

Als ich eines Morgens erwachte und die Augen öffnete, nahm
ich nur noch Farben und Formen wahr. Lange Zeit stand dieses
Bild aus losen, unzusammenhängenden Farb- und Formelemen-
ten vor mir. In das Erlebnis war auch etwas Furcht hineingemischt, weil ich nicht wusste, was es bedeutete und wo ich war.
Es muss einige Minuten gedauert haben, bis der erlösende Begriff

einrastete: Ich lag in meinem Bett und es war mein Zimmer! Ich hatte Formen und Farben gesehen, ohne sie zu begreifen – reine Wahrnehmung!

Ein paar Tage später kam ein weiteres traumbildhaftes Erlebnis dazu: Ich befand mich im meditativen Sitzen. Da traten drei Wesen an mich heran und trennten mir den oberen Teil meines Kopfes ab. Dabei hatte ich das Gefühl: ich habe kein Gehirn mehr, und dennoch kann ich denken! Ein wunderbares Erlebnis: Ich kann denken ohne mein Gehirn!

Das letzte Trimester galt dem Studium der *Theosophie*. Ich musste sie noch einmal völlig neu begreifen lernen. Doch als wir uns am Ende des Semesters mit der Welt der Urbilder beschäftigten, stellte sich wieder der Eindruck ein, mich in einer Welt zu bewegen, die ich kenne. – Eines Tages wurde jedoch uns Seminaristen von Friedrich Kempter die praktische Frage gestellt: Wer ist bereit, auf den Hauptkurs zu verzichten und den Seminarraum, in dem wir ständig arbeiteten, zu renovieren? Da ich als Malergehilfe Erfahrung hatte und das Gefühl dazukam, dass es gut sei, mich wieder stärker den praktischen, irdischen Dingen zuzuwenden, entschied ich mich, diese Renovierung vorzunehmen, statt in noch größere Höhen der Urbilder-Welt durch das Theosophiestudium aufzusteigen. Das überließ ich für einige Tage meinen Kommilitonen und griff zu Pinsel und Farbeimer.

Während dieser ganzen Zeit meines eineinhalbjährigen geisteswissenschaftlichen Grundstudiums, welches täglich von acht bis dreizehn Uhr stattfand, schwang ich mich nach einer kurzen Mittagspause auf mein Fahrrad und fuhr zu einer meiner Arbeitsstellen, als Maler, Gipser, Maurer und Transportarbeiter. Diese Doppelung von Lernen und Arbeiten schien einer sinnvollen »Lebenszeichnung« zu entsprechen, denn ich gewann auch in der täglichen handwerklichen Arbeit wichtige geistige Erkenntnisse, die ich nicht missen wollte.

Dornach

Nach Ende des zweiten Semesters kurz vor Beginn der Sommerferien war noch einmal eine Entscheidung zu treffen. Es ergab sich die Möglichkeit, an einer Sommertagung in Dornach am Goetheanum teilzunehmen. Es sollten die *Mysteriendramen* gespielt werden. Es war jedoch damals noch eine sehr langfristige und schwierige Angelegenheit, ein Visum für die Schweiz zu bekommen. So entschloss ich mich mit einer Kommilitonin, Gretel Küstermann, den Versuch zu machen, schwarz über die Grenze zu gehen, denn ich wollte unbedingt Dornach und das Goetheanum kennen lernen. Als Liebespaar getarnt pirschten wir uns in den grünen Grenzbereich, und es gelang uns auch tatsächlich, ein Loch im Stacheldraht zu finden und wir gelangten auf die Schweizer Seite. Als wir uns von unten dem Hügel näherten, auf dem das neue Goetheanum stand, entdeckte ich sofort eine große Sympathie für diesen wunderbaren, künstlerisch gestalteten Betonbau. Doch sollte später in mir das Bild des ersten Goetheanums als etwas auftauchen, mit dem ich innerlich geistig noch tiefer verbunden war.

Als wir oben auf dem Hügel ankamen, war es für mich, als wenn ich in der Heimat angekommen wäre. Mit innerer Freude erfüllt, wollte ich auf den Westeingang zugehen, da kam uns der damalige erste Vorsitzende der Anthroposophischen Gesellschaft entgegen und fragte uns, woher wir kämen. Wir erzählten ihm, dass wir aus Begeisterung für Dornach schwarz über die grüne Grenze gegangen seien. Nach dem ersten Entsetzen über diese Tat sagte er: »Gehen Sie sofort wieder zurück, Sie könnten uns hier große Schwierigkeiten machen.« Es war seltsam, ich erlebte hier eine ähnliche Enttäuschung wie damals, als es mir gelungen war, mit meinem Freund durch die Neiße in den freieren Teil Deutschlands zu gelangen und wo uns als erste Begrüßung eben jener Mann entgegentrat, der uns gleich auf die Wache bringen wollte. Hatten wir doch damals in ähnlicher Weise das Gefühl, man müsste sich freuen, dass es uns gelungen ist, in die Freiheit zu kommen. Das tauchte in mir wieder als ein vergleichbares Bild auf.

72

Wir wurden dann doch zu der Tagung zugelassen, und ich erlebte in den *Mysteriendramen* – auch wenn mir die Art der Sprachgestaltung merkwürdig hohl und seltsam schien – noch einmal in wunderbaren Bildern das, was ich auf dem »Freien Studienjahr« in Stuttgart durch das Studium der Geisteswissenschaft in Gedankenform aufgenommen hatte. Zugleich belegte ich einen Schauspielkurs bei einer ehemaligen Jugendgefährtin meines Vaters aus Breslau, Erna Grund, die mir nach den absolvierten schauspielerischen Übungen das Angebot machte, in Dornach ein Schauspielstudium aufzunehmen. Das war für mich eine schwere Versuchung, noch einmal diesem Jugendtraum nachzugeben. Später in Stuttgart zurück sprach ich mit Karl Auer darüber, der mich ermunterte, noch ein drittes Semester in Stuttgart zu bleiben, was sich dann auch als sehr fruchtbar erwies.

Während der ganzen Zeit des Anthroposophiestudium fühlte ich mich auch einbezogen in das allgemeine Leben der Schülerschaft der Freien Waldorfschule. Ich nahm an den Monatsfeiern teil und hatte Fachkurse bei den Lehrern der Waldorfschule, so dass die Frage, Schauspieler zu werden, angesichts der damals leeren Theater in mir zu der Entscheidung führte: Waldorflehrer werden gebraucht, Schauspieler nicht; also machst du ein Pädagogikstudium. Das war mein Entschluss.

Die Verabredung

Ich nahm in dieser Zeit auch an den Treffen des sogenannten »Hochschulkreises« teil, in dem ein wichtiger Gesprächsgegenstand die Begründung einer allgemeinen »Freien Hochschule« war. Alles, was in den Hochschulwochen ein zeitlich befristetes Studium war, sollte in einer zu begründenden öffentlichen Hochschule in freier Trägerschaft zu einem Vollstudium ausgebaut werden. Alle Fachgebiete, die durch Anthroposophie befruchtet waren, sollten die Möglichkeit zu einem völlig anders gearteten Studium bieten, welches auf geistige Grundlagen aufgebaut war. Das wäre das erste Modell einer Freien Hochschule gewesen. Wir bemerkten jedoch, dass der Zeitpunkt zu einer solchen Begründung im Rahmen der Entwicklung des zunehmenden »Wirtschaftswunders« immer ungünstiger wurde. Vielleicht hätte eine solche Begründung unmittelbar nach Ende des Krieges mit Hilfe der Amerikaner zum Erfolg geführt, aber niemand war damals darauf vorbereitet! Jetzt, durch den Marshall-Plan und den damit beschleunigten wirtschaftlichen Aufschwung, ließen die geistigen Interessen bei den Menschen immer mehr nach, und das »Wirtschaftswunder« erfüllte zunehmend das Bewusstsein. – Das Interesse an einem solchen Studium, wie ich es im freien Studienjahr genossen hatte, ließ ebenfalls nach. Das zeigte sich zumindest an der geringeren Teilnehmerzahl. So kam der Zeitpunkt, da auch der »Hochschulkreis«, der ja nur aus jungen Leuten bestand, seine Aufgabe beendete und jeder in seine spezielle Berufsausbildung ging. Aber als das letzte Treffen stattfand, verabredeten wir, dass wir uns eines Tages – im Jahre X – wiedertreffen würden, wenn eine veränderte soziale Situation die Begründung einer solchen Hochschule wieder möglich machen würde. Wir waren fest davon überzeugt, dass im Laufe der gesellschaftlichen Entwicklung dieser Zeitpunkt kommen würde. Ich empfand das wie ein gegenseitig gegebenes Versprechen. Und dieses Versprechen nahm ich so ernst, dass es mich eines Tages auch wieder nach Stuttgart führen sollte mit der Hoffnung, eben jene Kommilitonen wieder zu treffen, mit denen ich diese Begründung in die Wege leiten könnte. Dieser Tag und das »Jahr X« sollte sich später als das Jahr 1968 herausstellen, jener Zeitpunkt, zu dem die Studentenbewegung auf ihrem Höhepunkt angelangt war und der Prager Frühling wie ein leuchtendes Fanal einer erneuerungsfähigen Gesellschaft sichtbar wurde.

Dieses dreisemestrige geisteswissenschaftliche Studium bildete die eigentliche Grundlage, auf der ich später selbst einmal die Geisteswissenschaft anderen Menschen vermitteln konnte. – Doch zunächst war deutlich: Ich brauchte noch andere Fähigkeiten. Zu diesem Zwecke und auch, weil Waldorflehrer gebraucht wurden, entschloss ich mich also zu einem Pädagogikstudium.

Ich hatte zwar keinen Schulabschluss, keinerlei Zeugnisse, aber es wurde damals noch die abgeschlossene praktische Berufsausbildung und das freie Studienjahr als ein zweiter Bildungsweg anerkannt. So konnte ich die Aufnahmeprüfung bestehen und begann am Pädagogischen Institut Stuttgart am Hegelplatz meine Ausbildung zum Grundschullehrer.

In den vergangenen eineinhalb Jahren hatte ich meine Existenz dadurch gesichert, dass ich nach dem vormittäglichen Studium in den verschiedenen Berufen praktisch arbeitete. Jetzt, zu Beginn des Pädagogikstudiums, bekam ich wenigstens ein kleines Stipendium von achtzig Mark. Und da ich mir eine kleine Dachkammer im Stuttgarter Süden ausbauen konnte, für die ich monatlich nur acht Mark zu zahlen hatte, und mein Fahrrad ein billiges Transportmittel war, reichte dieses Geld für die elementaren Bedürfnisse des Lebens. In dieser Zeit holte ich auch meinen jüngsten elfjährigen Bruder Friedhelm nach Stuttgart, damit er die Waldorfschule besuchen konnte, und wohnte mit ihm zusammen. Und nach und nach gelang es mir, dass auch meine Eltern nach Stuttgart kommen konnten. – Neben den pädagogischen und psychologischen Vorlesungen und Seminaren und den anderen Pflichtübungen belegte ich außerdem noch Physik als Nebenfach. Hier konnte ich noch einmal Erfahrungen, die ich in meiner Lehrzeit im Umgang mit elektrischen und magnetischen Kräften gemacht hatte, wissenschaftlich bearbeiten und die physikalischen Verwandlungsprozesse in einer Abschlussarbeit auswerten.

Nachdem ich mit dreiundzwanzig meine erste staatliche Dienstprüfung am Ende des Studiums hinter mich gebracht hatte, fühlte ich mich jedoch noch nicht reif genug für die Arbeit an einer Waldorfschule. Ich hatte noch nicht genügend Lebenserfahrung. Außerdem wurde mir geraten, noch eine Fremdsprache zu lernen. So hatte ich zunächst den Impuls, nach London zu gehen, denn ein wenig Englischkenntnisse hatte ich mir in der Zwischenzeit wieder angeeignet. Da eine Ahnung vom iroschottischen Christentum in mir lebte und ich auch eine halbbewusste Beziehung zu England hatte, wollte ich dieses Kulturgebiet, ohne viel von ihm zu wissen, kennen lernen. Das fand jedoch erst zwanzig Jahre später durch mehrere Reisen statt, welche ich gemeinsam mit meiner Frau unternahm.

Mein Weg sollte mich erst einmal nach Frankreich führen. Durch die Bekanntschaft mit Dr. Hessenbruch und seiner Lebensschule begegnete ich eines Tages seiner Tochter Gisela, die gerade von einem Praktikum aus Paris zurückkam. Ihre begeisterte Erzählung von der französischen Kultur und dem Pariser Leben bewirkten einen spontanen Umschwung in mir und ich entschloss mich, nicht nach London, sondern nach Paris zu gehen und dort Französisch zu studieren. Trotz der vielfältigen Arbeitserfahrung, die ich in meinem Leben gemacht hatte, fühlte ich mich Menschen gegenüber oft noch sehr unbeholfen und naiv und hatte das Gefühl, ich könnte gerade durch die französische Lebensart etwas Entscheidendes nachholen, was ich für mein Leben brauchte.

Durch die Literaturvorlesungen war mir Hermann Hesse ein besonderes Anliegen geworden. Seine Romane, vor allem *Siddharta,* mit dessen Lebensweg ich mich innerlich identifizierte, erfüllten eine Zeit lang mein Bewusstsein und meine Erlebnisart. Und insbesondere *Der Steppenwolf* weckte in mir ganz bestimmte Sehnsüchte nach jenen mystischen Erfahrungen, die von Hesse dort geschildert wurden. Das war ein weiteres Motiv, nach Paris zu fahren. Während dieser Zeit sah ich auch den Film »Moulin Rouge« über Toulouse-Lautrec, wobei die Bilder der Orte in Paris, wo er gelebt und gearbeitet hatte, sich mir tief einprägten, besonders war es das Bild eines Hauses im Quartier Latin, in dem er gewohnt hatte.

PARIS

Erst mal lernen, Mensch zu werden

Nachdem ich noch eine Zeit lang in Ludwigshafen als Werkelektriker gearbeitet und etwas Geld verdient hatte, kaufte ich mir einen Motorroller und machte mich im Jahr 1954 auf die Reise nach Westen. In meiner Seele hatte ich die Bilder aus dem Roman *Der Steppenwolf* und aus dem Film über Toulouse-Lautrec. In der Tasche hatte ich nur fünfzig Mark. Ich konnte kein Wort Französisch, hatte aber gehört, dass es möglich sei, in Paris als Lumpen- und Altpapierhändler zu arbeiten und damit Geld zu verdienen. Als ich die Rheinbrücke und den Rhein an der Grenze zu Frankreich überquerte, empfand ich, plötzlich eine ganz andere, durchlichtete Luft zu atmen. Es lag ein eigenartiger Glanz über der Landschaft. Ich fuhr an wunderbaren hellen Bauten und Kathedralen vorbei, bis mir der Sprit ausging. Und da ich nicht einmal das Wort für »Benzin« in Französisch gelernt hatte, musste ich mich mühsam mit Zeichensprache verständlich machen, um die nächste Tankstelle gezeigt zu bekommen.

In einem Vorort von Paris arbeitete meine Schwester als Aupairmädchen, bei der ich zunächst übernachten konnte. – Am nächsten Tag fuhr ich in das Innere der Stadt. Da ich kein Geld mehr hatte, suchte ich als Allererstes nach einem Altpapierhändler im Quartier Latin. Seltsamerweise fand ich ihn in jener kleinen Straße, genau gegenüber dem Haus, in dem Toulouse-Lautrec gewohnt hatte! Und es klappte: Jener Altpapierhändler drückte mir einen alten zweirädrigen Karren in die Hand, und ich zog nun los von Geschäft zu Geschäft und sammelte alte Zeitungspacken ein, die ich dann für einige Francs an ihn ablieferte. Schon nach wenigen Tagen hatte ich mich ins Zentrum bis zum Place de l'Opera vorgearbeitet. Und mein Instinkt führte mich in jenes Büro, in welchem sich die Zentrale der deutschen Touristikwerbung befand. Dort wurde ich ob meiner schlampigen und unmodernen Kleidung etwas seltsam angeschaut, aber man sagte mir, man habe gerade durch einen Rohrbruch Hochwasser gehabt und das gesamte Prospektmaterial im Keller sei nass und unbrauchbar geworden. Wenn ich mich bereit erklärte, den gesamten Keller leer zu räumen, könnte ich das haben. So machte ich mich also an die Arbeit, hatte nach etwa drei Tagen den Keller leer geräumt und zur Zufriedenheit des Chefs, Monsieur Braun, auch den Keller wieder hergerichtet. Als ich mich verabschieden wollte, fragte mich die Chefsekretärin, ob ich nicht bereit sei, Botengänge zu übernehmen. Mademoiselle Denise Roblet hatte eine besondere Sympathie für Deutschland und die deutsche Kultur. Sie war mit einem in Paris lebenden deutschen Maler verlobt. Zu ihr entwickelte sich bei aller Zurückhaltung ein schönes menschliches Verhältnis, denn sie machte mir aus der Sicht der Frau zwischen den Botengängen die französische Kultur verständlich. So habe ich außerordentlich viel von ihr gelernt. Sie machte das mit einer besonderen Liebe, vielleicht gerade, weil sie meine deutsche Naivität entdeckte, und nannte mich dabei immer »Parzival«.

So stieg ich also auf die zweite Stufe meiner kleinen Pariser Karriere. In diesem Büro lernte ich auch Franzosen kennen, die gerne von einem deutschen Privatlehrer Deutsch lernen wollten. Im Laufe meines Studiums war ich dann mit meinem Motorroller ständig quer durch Paris unterwegs und unterrichtete die verschiedenen Schüler, während ich zugleich eine relativ feste Position als Bürogehilfe hatte. – So wurde Paris für eineinhalb Jahre meine zweite Heimat. Ich lebte in einem kleinen Zimmer in einer alten Pension in der Rue Descartes hinter dem Pantheon. Es hatte keine Heizung, und im Winter bekam ich es nur dadurch warm, dass ich in einer Konservendose ein offenes Spiritusfeuer entzündete.

Für mein französisches Sprachstudium hatte ich mich in der Alliance Française eingeschrieben, in der Studenten aller Nationalitäten studierten. Zur Ergänzung besuchte ich Vorlesungen an der

Sorbonne über französische Literatur und Theaterwissenschaft. Hier erst, durch das Studium der französischen Sprache, lernte ich auch die Regeln der deutschen Grammatik kennen, und es gelang mir, nach eineinhalb Jahren mein Diplom zu machen.

Es war wieder eine prall gefüllte Zeit. Vormittags studierte ich, fuhr nach dem Essen in der Mensa zum Büro am Place de l'Opéra, erledigte Briefpost, raste von einem Privatschüler zum anderen quer durch Paris und besuchte an den Abenden Moulin Rouge oder eine der schummrigen Nachtbars am Montmartre, zu denen wir Studenten verbilligte Karten erhielten. Oder ich traf mich mit meinen tunesischen Freunden, mit denen ich eines Tages den Jubel um die Befreiung teilen und die Heimkehr des Freiheitskämpfers und zukünftigen Staatschef Bourgiba mitfeiern konnte.

Neben vielen kurzfristigen Bekanntschaften waren es in dieser Zeit zwei Menschen, denen ich besonders tiefe Einblicke in das Leben verdankte. Ich hatte in Paris zwar nicht den Eindruck, dass ich an diesem Ort meine Lebenspartnerin finden würde, und doch trug ich das schwärmerische Bild in mir, hier eine Frau zu treffen, die so voller innerer Weisheit und Lebenserfahrung sein müsse, dass sie mir die tiefsten Geheimnisse des Lebens und der Liebe vermitteln könne.

Tatsächlich traf ich sie eines Mittags in einem Studentenrestaurant. Sie war verheiratet, hatte schon eine Tochter, lebte aber von ihrem Mann getrennt, der »nach der zweihundertfünfzigsten Frau, die er erobert hatte, aufgehört hatte zu zählen«, offensichtlich ein typischer Franzose. – Wir trafen uns nicht sehr oft, aber durch ihre Augen und ihre Lebenserfahrung lernte ich die Mentalität des französischen Mannes und die intimeren Seiten der französischen Lebensweise noch einmal aus einer besonderen Sicht kennen. Ich war fasziniert von der Souveränität, in der man mit den erotischen Dingen und den damit zusammenhängenden verwickelten Verhältnissen umging. Ich begann meine eigene männliche Natur in einer tieferen Weise zu verstehen und gewann dadurch auch einen lebendigeren Zugang zu den Erlebnisquellen der französischen Schriftsteller.

Durch meine Verbindung zur Anthroposophie lernte ich den Schweizer Architekten Eugen Vita kennen, der mit seiner französischen Frau und Tochter schon lange Zeit in Paris lebte. Er hatte sich tief in die Architektur des ersten Goetheanums in Dornach hineingelebt und es in einer wunderbaren detailgenauen Zeichnung für sich wieder rekonstruiert. Ich war regelmäßiger Gast in seiner Familie. Während ich mit ihm plastizierte und bis in die tiefe Nacht hinein lange Schachpartien spielte, öffnete er mir die Augen für das Wesen des deutschen Volkes im Vergleich zu dem französischen. So lernte ich aus der Sichtweise Frankreichs jene tieferen Eigenarten kennen, die das deutsche von dem französischen Volk unterschieden und die zugleich auch den Untergrund bildeten für die vielfältigen kriegerischen Auseinandersetzungen. Er brachte mir in den vielen nächtlichen Gesprächen eine ganz andere Seite der französischen Geschichte und Kultur nahe.

Durch ihn angeregt, besuchte ich auf meinen Streifzügen durch die Stadt eines Tages die Galerie Lafayette. Ich stand gerade auf der großen mittleren Freitreppe und schaute mir die übereinander gebauten, von einer mächtigen Glaskuppel überwölbten Galerien an, als in mir ein Erinnerungsbild aufblitzte, das ich mit ungefähr 21 Jahren morgens, kurz bevor ich völlig erwachte, als Vision hatte. Es zeigte mir genau diesen Bau mit seinen riesigen Galerien und jene Freitreppe, auf der ich gerade stand. Für einen Moment schien die Zeit still zu stehen, als sich vergangene Vision und reale Gegenwart zusammenschlossen.

Es war einer jener Momente, die öfters in meinem Leben auftreten sollten. Erst viele Jahre später konnte ich durch meine geisteswissenschaftlichen Studien diesen Vorgang ausführlicher verstehen. Ich habe mich dann in meinem Buch *Jenseits von Zeit und Raum* damit auseinandergesetzt.

Außer der unübersehbaren Fülle der Kunstwerke, die ich im Louvre entdeckte, beeindruckten mich die ausdrucksstarken Gestalten Auguste Rodins. Immer wieder bewunderte ich seine grandiose plastische Gestaltungskraft. In den Pariser Theatern verfolgte ich die einfallsreichen, intelligenten und zugleich humorvollen Inszenierungen, angefangen von den »Folies Bergère«, wo selbst die pikantesten Szenen nie ohne Esprit über die Bühne gingen, bis zu den großen, perfekt inszenierten Dramen der französischen Klassiker in der Comédie Française. Alles atmete den Glanz und den Geist einer mit scharfem Verstand und mit Lebensfreude durchsetzten, jahrhundertealten Kultur.

Inzwischen war ich so weit in die französische Sprache eingedrungen, dass ich zu Weihnachten im *Oberuferer Paradeisspiel«* die Rolle des Teufels auf Französisch spielen konnte. Ich begann mehr und mehr auch in Französisch zu träumen und schrieb auch mein Tagebuch in dieser Sprache. Als ich eines Tages mit einem Franzosen in Streit geriet und auf Französisch zu fluchen begann, dachte ich: Jetzt ist es Zeit, bald nach Deutschland zurückzukehren. – Mein Ziel hatte ich bei all dem nicht aus dem Auge verloren; ich wollte ja meine Fähigkeiten als Lehrer an einer Schule für Waldorfpädagogik einbringen. Während dieser ganzen turbulenten Zeit hörte ich nicht auf, mich mit den elementaren Übungen und Gedanken Rudolf Steiners zu beschäftigen; selbst wenn ich spät nachts nach Hause kam, waren es kurze Momente, in denen ich mich dem widmete. Doch in meiner ganzen Lebensweise, nicht nur in der Sprache, fühlte ich mich zum Franzosen geworden. – Es gab auch eine Schattenseite dieser Entwicklung: Ich hatte offensichtlich wohl neben der Sprache und Lebensweise auch etwas von jener französischen Arroganz angenommen, die gar nicht zu dem passte, was ich anstrebte. Als ich in den letzten Tages meines Aufenthaltes durch meine Kontakte zu Monsieur Eugen Vita einen Klassenraum der gerade begründeten Waldorfschule in Paris mithalf zu renovieren, machte ich eine recht flapsige Bemerkung zu einer Waldorflehrerin, woraufhin sie sagte: »Sie müssen erst mal lernen, Mensch zu werden.« Das traf! Hatte ich doch das Gefühl, gerade erst richtig Mensch geworden zu sein, indem ich Verstand, Lebensform und Kommunikationsfähigkeit entwickelt hatte. – Ich war inzwischen sechsundzwanzig geworden und lebte in dem sicheren Gefühl: Jetzt bin ich auf der Erde angekommen.

Doch ehe ich meine Rückreise nach Deutschland antrat, ergab sich noch einmal eine größere Aufgabe durch eine französische Reiseagentur. Ich organisierte mehrere Busreisen mit Franzosen in das romantische Süddeutschland. Es waren interessante Orte und Strecken, die ich zunächst zwar nicht kannte, aber ich lernte auf diese Weise von Frankreich aus ein Stück historisches Deutschland kennen, einen wichtigen Bestandteil deutscher Kulturgeschichte. Meine Beschreibungen während der Fahrt waren offensichtlich ein voller Erfolg, denn das Trinkgeld am Ende jeder Fahrt floss so reichlich, dass ich davon mein noch ausstehendes Studium am Stuttgarter Waldorf-Seminar finanzieren konnte.

STUTTGART – TÜBINGEN

Meine Klasse und römische Geschichte

In Stuttgart kam ich gerade noch rechtzeitig in das bereits laufende Ausbildungsjahr zum Waldorflehrer am Seminar für Waldorfpädagogik. Ich hatte das Glück, dass gerade außer der »Allgemeinen Menschenkunde« jene Fächer methodisch und didaktisch behandelt wurden, die ich für die Klasse, die ich bald übernehmen sollte, brauchte, ohne jedoch bereits davon zu wissen! Ganz entscheidend war für mich die wunderbare, von Lotte Ahr vermittelte Darstellung Rudolf Steiners genialer Temperamentenlehre. Ihre hinter einer etwas rauen Art verborgene warme, von Lebenserfahrung getragene Herzlichkeit erlebte ich später noch einmal als meditative Kraft in ihr, als ich ihr im Rahmen der »Hochschul-Arbeit« als meiner ersten »Klassenleserin«, das heißt Vermittlerin der von Rudolf Steiner gegebenen Meditationen, gegenübersaß. Sie war in der Lage, einen tatsächlich in jene Sphäre erlebend hineinzuführen, von der sie sprach. In aller Seelenruhe bewegte sie sich durch den geistigen Raum und ermöglichte es anderen, mit zu gehen.

Nach Abschluss des Seminars holte mich Hildegard Gerbert an die Tübinger Freie Waldorfschule, was sie wahrscheinlich nicht getan hätte, wenn uns nicht die Liebe zur französischen Kultur gemeinsam gewesen wäre. Ich sollte dort an der Oberstufe Französisch unterrichten und die 6. Klasse, die gerade vakant wurde, als Klassenlehrer übernehmen. Die vierzig etwa zwölfjährigen Mädchen und Jungen entsprachen in ihren Interessen und Begabungen im Wesentlichen dem, was ich auch selbst vermitteln konnte. Es waren interessante junge Individualitäten, mit denen ich es in dieser Klasse zu tun bekam. Einige von ihnen traf ich später als reife und spirituell entwickelte Persönlichkeiten wieder, und es entwickelte sich ein freundschaftliches Verhältnis untereinander.

83

1956: Lehrer an der Freien Waldorfschule, Tübingen

Mit meiner 6. Klasse, Tübingen 1957

Einerseits hatte ich gerade in meiner seminaristischen Ausbildung eine ganze Reihe begeisternder Gesichtspunkte für verschiedene Fachgebiete aufgenommen, auf der anderen Seite konnte ich mich inhaltlich kaum auf ein schulisches Allgemeinwissen stützen, da ich an der Schule selbst wenig gelernt hatte. Und so war ich in der Situation, mir im Wesentlichen fast alles neu aneignen zu müssen. Die Vorbereitung der Unterrichtsepochen dauerte oft bis tief in die Nacht, aber vielleicht hatte gerade jenes frisch erworbene Wissen jene Lebendigkeit, die das Interesse meiner Schüler erweckte. Meine Schwäche im Umgang mit Zahlen haben sie dann besonders beim Kopfrechnen sehr schnell herausgefunden und akzeptierten es wohlwollend, dass ich den besten Kopfrechner vor die Klasse stellte und den ganzen Vorgang nur pädagogisch überwachte. Das tat dem im Prinzip guten Verhältnis zu der Klasse keinen Abbruch, und sehr schnell wurde es »meine Klasse«, die ich dann drei Jahre lang bis zum achten Schuljahr zu Ende führte. Am Ende jedes Schuljahres stellten sie mir auch ihrerseits ein Zeugnis aus, das auf einer erstaunlich guten Beobachtung und Einschätzung meiner Person beruhte und in dem auch meine Schwächen treffsicher charakterisiert wurden. – Nach meinem Verzicht auf eine eigene künstlerische Laufbahn hatte ich ja die Hoffnung gehabt, auch in der Schule auf pädagogischer Ebene künstlerisch arbeiten zu können, und so machte es mir besondere Freude, mit meinen Schülern immer wieder auch schauspielerisch zu arbeiten.

Am Ende der 6. Klasse hatte ich kurz vor den Sommerferien eine Epoche in römischer Geschichte zu geben. Ich bereitete mich insbesondere auf der Grundlage von Rotteks Geschichtsschreibung vor und konnte mir die geschichtlichen Ereignisse – beginnend mit der Gründung Roms und den sieben Königen bis zu den römischen Cäsaren – so lebendig vor die Seele stellen, dass es nicht nur mich begeisterte, sondern auch auf die Schüler übersprang. Als ich zu Ferienbeginn meiner Mutter in Stuttgart davon erzählte und ich noch keine weiteren Ferienpläne hatte – es waren meine ersten richtigen Ferien, die ich in meinem Studenten- und Arbeitsleben regulär machen konnte –, sagte sie: »Komm, lass uns nach Italien fahren!« Und so setzten wir uns beide kurz entschlossen auf meinen Motorroller und fuhren mit einem kleinen Rucksack nach Süden los. – Es war meine erste Italienreise, der noch viele weitere folgen sollten.

Es erschloss sich für mich eine neue Welt. Ich wählte die Route über den St. Bernardino und Julier-Pass, die ich aus Konrad Ferdinand Meyers Roman »Jürg Jenatsch« kannte. Über Mailand ging es weiter an das Ligurische Meer bis Santa Margharita, wo wir Station machten und wegen Überfüllung in der Garage einer Jugendherberge Quartier fanden. Meine Mutter war am Ziel ihrer Wünsche, und so fuhr ich bald über die Via Aurelia allein weiter. Obgleich ich nur auf einem einfachen Motorroller saß, hatte ich immer das Gefühl, als würde ich auf meiner Fahrt nach Süden über die Landschaft hinwegfliegen – rechts von mir das Mittelmeer, links die Adria. – Mein nächstes Ziel war Florenz. Nachdem ich dort sechs Tage verbracht hatte, tief beeindruckt von der Schönheit der Stadt und ihren wunderbaren Kunstschätzen, fuhr ich weiter nach Rom. Der Eindruck, den vor allem der historische Teil dieser Stadt auf mich machte, war gewaltig! Dort blieb ich zwar nur drei Tage, und doch hatte ich das Gefühl, hier viel länger verweilt zu haben als vorher in Florenz. Das Endscheidende war für mich mein Aufenthalt auf dem Forum Romanum Antica. Tag für Tag stand ich dort unter glühender Sonne und rekonstruierte in meiner Fantasie die herrlichen Tempelbauten, den Triumphbogen, die Plätze, die Hügel und nicht zuletzt die Rostra, an der die Senatoren und Tribunen ihre Reden gehalten und Geschichte gemacht hatten. Es schien mir fast, als würde das Forum Romanum mit seinen Gestalten um mich herum wieder lebendig werden. Ich hatte den Eindruck, dass durch die damals hier lebenden Menschen durch die Art ihrer Begegnung und durch ihre Reden eine Art Stadtkultur entstanden war, welche dann die Grundlage einer bestimmten menschlichen, die ganze übrige Welt prägende Zivilisation wurde. Dieses Bild und dieser Impuls machten sich so tief in meiner Seele fest, dass ich mir sagte: So etwas möchte ich eines Tages selbst mit begründen, wo aus Menschenbegegnung Kultur entsteht. Aus dieser Impulsierung heraus entwickelte sich später in Verbindung mit den Ideen der sozialen Dreigliederung jenes Kultur- und Jugendzentrum in Stuttgart, durch welches wir versuchten, neue gesellschaftsgestaltende Impulse zu vermitteln. Durch dieses Erleben ist auch der Name »FORUM 3« inspiriert.

»Forum Romanum« mit dem
Triumph-Bogen des Septimus
Severus

»Forum Romanum«
Rekonstruktionszeichnung mit
Burg auf dem Palatio.

Die Fahrten der nächsten Jahre gingen nach Elba, der Insel
Napoleons, von wo ich eine reiche Ausbeute an wunderbaren
Mineralien mitbrachte, die wir damals dort selbst schürften. So
wurde Italien durch viele weitere Reisen in dieses Land für mich
eine Art Ferienheimat, mit deren früher Geschichte ich mich besonders verbunden fühlte.

Als nach drei Jahren gegen Ende des Jahres 1959 die Arbeit mit
meiner Klasse zu Ende ging, stand ich vor zwei Problemen. Ich
war zwar Mitglied der internen Konferenz geworden und sollte
als Delegierter die Schule vertreten, war aber in meinen Erwartungen einer intensivierten pädagogischen und menschenkundli-
chen Arbeit innerhalb des Kollegiums enttäuscht worden. Als ich
nachdrücklich danach fragte, wurde mir gesagt: »Wir sind ja
nicht in einem Seminar, und ›freies Geistesleben‹ heißt, seine
astralischen Ellenbogen gebrauchen.« Und da ich der Anschauung war, dass zum Beispiel Probleme, die insbesondere immer

stärker mit den Schülern der Oberstufe auftraten, aus einer solchen Gesinnung heraus nicht zu lösen waren, stellte ich meine weitere Mitarbeit in Frage; zumal die Hoffnung, dass ich meine Fähigkeiten durch eine vertiefende geistige Arbeit noch weiter entwickeln könnte, sich hier nicht realisieren ließ. – Ermuntert durch die mir befreundete Kollegin, mit der ich mich pädagogisch beraten und auch alle meine Lebensfragen offen und sehr fruchtbar besprechen konnte, entschloss ich mich, noch einmal meinem ursprünglichen Jugendimpuls nachzugehen und eine Schauspielausbildung zu machen. Ich erinnere mich noch deutlich an ihren direkten Ausspruch, indem sie sagte: »Wenn der Impuls so stark ist, dann musst du das tun.« Die Entschiedenheit, mit der sie das sagte, trug erheblich zu meinem Entschluss bei, noch einmal ein neues Lebensgebiet zu betreten.

Mit dem Wesen der Anthroposophie war ich tief innerlich verbunden, aber ich kannte noch nicht jene Menschengemeinschaft, die sich zur Pflege der Anthroposophie im Laufe der Zeit entwickelt hatte. Und da ich diese Menschen kennen lernen wollte, wurde ich Mitglied der Anthroposophischen Gesellschaft, um an der Generalversammlung des Jahres 1959 teilzunehmen, die im Sommer in der Kongresshalle in Berlin stattfinden sollte. – Durch meine Schwester, die bei Else Klink Eurythmie studierte, traf ich eine Mitschülerin von ihr, die vorher eine Schauspielausbildung in Berlin gemacht hatte. Sie erzählte mir begeistert von der Genialität ihrer Schauspiel-Lehrerin Gertrud Schneider. Und so fügte es sich, dass ich 1959 nicht nur die Anthroposophische Gesellschaft in Berlin näher kennen lernte, sondern dass ich durch die Begegnung mit dieser Persönlichkeit mich auch für die künstlerische Ausbildung in ihrer Schauspielschule entschloss.

BERLIN UND ZURÜCK NACH STUTTGART

Theaterarbeit und »das Jahr X«

Meine Lehrerin Gertrud Schneider war ursprünglich Schauspielerin, Tänzerin und Leiterin einer Tanzschule. Sie hatte nicht nur ein außergewöhnlich feines Ohr entwickelt, sondern verfügte auch über ein hohes Wahrnehmungsvermögen für den sprechenden und sich bewegenden Menschen. Ihre anthroposophisch fundierte Menschenkenntnis äußerte sich immer in fantasievollen, geistreichen und humorvollen Bemerkungen, mit denen sie ihren Schülern einen gut nacherlebbaren Spiegel vorhielt. Das galt ausnahmslos für alle Unterrichtsarten, Rollenstudium, Sprechtechnik, Atmen, Bewegung. Ihr zentrales Anliegen war, »den Menschen auf seine Füße zu stellen«, das heißt den inneren atmenden und empfindenden Menschen ganz in Einklang zu bringen mit seinem physischen Organismus und dem, was er als sprechender Mensch zur Erscheinung brachte. Mit jedem Atemzug, mit jedem Wort sollte versucht werden, den inneren Menschen in Einklang mit seinen Körper zu bringen. Und sie hatte das Vermögen, mit geschlossenen Augen zu sehen, wenn jemand einatmete, ob er auf seinen Füßen, seinen Fersen oder auf den Zehen stand. Sie hörte, in welcher Verfassung er sich mit seinem ganzen Körper erlebte, ob er das Wort oder den Gedanken, den er aussprechen wollte, innerlich ganz erfasst hatte. Noch ehe man auch nur ein Wort sprach, hörte sie lediglich an der Art des Atmens, ob man innerlich schon den richtigen Ansatz gefunden hatte. So lernten wir bei ihr nicht nur eine höhere neue Identität zwischen unserem inneren Menschen und dem Körper zu finden und daraus den entsprechenden schauspielerischen Ausdruck zu gewinnen, sondern die konsequente Art, wie sie uns stets dazu anregte, hatte auch für alle ihre Schüler eine tiefe gesundende Wirkung.

Ich lernte auch dadurch jene speziellen rhythmischen Anweisungen Rudolf Steiners für die Meditation verstehen, indem der Gedanke zunächst in der Atemstille in Klarheit erfasst und gedacht werden muss, in der Folge beatmet und dadurch belebt ausgesprochen werden kann. Das wurde später für mich auch die Grundlage, meditative Texte sprechen zu können.

Der Mann meiner Lehrerin, Sigmar Schneider, war als Staatsschauspieler im Ensemble des Berliner Schillertheaters tätig. So konnten wir während der ganzen drei Ausbildungsjahre sämtliche Generalproben zu den Aufführungen besuchen, unsere dort gemachten Erfahrungen miteinander austauschen und unser Urteilsvermögen heranbilden. Mein besonderes Interesse galt außerdem der Regie und den Bühnenbildern. Ich machte ausführliche Skizzen und Analysen der Gesetzmäßigkeiten hinsichtlich der Gestaltung des Bühnenraums.

Durch gemeinsames Rollenstudium hatte sich eine engere Freundschaft mit meiner Mitschülerin Christine Langen entwikkelt. Wir lebten eine Zeit lang zusammen. Sie hatte bereits eine Eurythmieausbildung bei Else Klink absolviert und viele Jahre ihrer Jugend in Dornach verbracht. So lernte ich außer der künstlerischen Zusammenarbeit mit ihr viele Vorgänge und Hinter-

Gertrud und Sigmar Schneider.
Schauspielschule Berlin, 1963

1961 Berlin,
»Mauerbau«

gründe der dramatischen Geschichte der Anthroposophischen Gesellschaft kennen, wie sie sich in den vergangenen Jahren in und um das Goetheanum herum abgespielt hatten.

Durch gemeinsame Freunde im Ostteil der Stadt Berlin konnten wir zunächst auch ungehindert am vielfältigen Theaterleben Ostberlins teilnehmen. Der Bau der Berliner Mauer war dann somit auch für uns ein heftiger und schmerzlicher Einschnitt. Für die im Osten verbliebenen Freunde versuchten wir jedoch Fluchtmöglichkeiten auszukundschaften und halfen unter anderem mit bei der Vorbereitung zum Bau eines Fluchttunnels. Durch meine eigenen Erfahrungen der Unterdrückung und der Gefangenschaft erlebte ich diese politische Entwicklung zwar sehr intensiv mit, es blieb mir aber zunächst nichts anderes übrig, als eine akribische Dokumentation der täglichen Ereignisse, besonders der Fluchtversuche der Ostberliner Bürger anzufertigen.

Hatte sich in den vergangenen Jahren mein Bewusstsein besonders stark auf die Bewältigung der eigenen Lebensfragen konzentriert, so rückte jetzt die Bedeutung der politischen Entwicklung in Europa wieder stärker in mein Bewusstsein. Doch zunächst galt es, nach Abschluss meiner dreijährigen Ausbildung in Berlin ein Engagement als Schauspieler zu finden. Ich war inzwischen 31 Jahre alt geworden.

Ich wusste im Untergrund meiner Seele, dass ich eines Tages – »im Jahre X« – wieder nach Stuttgart zurückkehren würde. Und doch hatte ich das Gefühl, eine wichtige Etappe meines Schicksals würde sich im Norden Deutschlands abspielen. Es waren innere Bilder, die mich begleiteten und die mir die Gewissheit gaben, dafür auch die entsprechende Lebenspartnerin zu finden. Es war das Bild einer Frau, mit der ich schon einmal ein altes Schicksal geteilt hatte – gemäß dieses inneren Bildes war sie nicht nur schön, sondern auch klug. Das begleitete mich bei der Reihe der Probe-Vorsprechen an Theatern im norddeutschen Raum.

Eines Tages bekam ich ein Telegramm zu einem Vorsprechtermin an das »Westdeutsche Tourneetheater«. Als ich mit dem Intendanten die Probebühne betrat, entdeckte ich »sie«; mit dem Textbuch des *Faust* in der Hand studierte sie gerade die Rolle des Gretchen. Mein Blick haftete für einen kurzen intensiven Augenblick an ihrem rassigen Profil. Dann verließ sie die Bühne und mein Vorsprechen begann. Mein Wunsch, an diesem Theater engagiert zu werden, erfüllte sich jedoch zunächst nicht. Es blieb bei dieser kurzen wortlosen Begegnung. Der Intendant hatte sich für einen anderen Kollegen entschieden.

Nach einem kurzen Gastspiel am Lessing-Theater Köln nahm ich dann ein Engagement am »Neuen Theater« in Hannover an, arbeitete dann außerdem dort als Regieassistent bei den »Herrenhauser Sommerspielen« und bewarb mich ein Jahr später an der »Westfälischen Landesbühne«. Dort trafen wir wieder zusammen! Sie brachte auch ihren Kollegen mit, der an meiner Stelle engagiert worden war und mit dem sie inzwischen eine Verlobung eingegangen war. Wir machten offensichtlich beide einen tiefen und in gewisser Weise doch zwiespältigen Eindruck auf-

Elke Vollstedt
als Leonore in
»Ostern«
von Strindberg,
1961

Siegfried Woitinas
Regisseur und Schauspieler,
1963

einander, egal, ob wir in der *Minna von Barnhelm* gemeinsam auf
der Bühne standen oder bei den Proben miteinander arbeiten
mussten. Es war für mich nicht leicht, ihren hohen künstlerischen Maßstäben zu entsprechen, welche sie sich als Schauspiel-
schülerin an der Hamburger Hochschule und als junge Schauspielerin bei Gustav Gründgens am Hamburger Schauspielhaus
erworben hatte. Vor Menschen auf der Bühne zu stehen, bedeutete für sie in gewisser Weise eine heilige Aufgabe. – Ich selber
hatte damals auch oft noch Mühe mit dem Text, da ich trotz allen
Übens den in der Gefangenschaft erlittenen Gedächtnisverlust
nicht völlig überwunden hatte. So hatte ich schon aus diesem
Grunde neben ihr keinen leichten Stand auf der Bühne. – Und
doch entstand besonders auf den langen Fahrten zu unseren
Gastspielorten eine immer größere Vertrautheit sowohl zu ihr als
auch zu meinem Kollegen, ihrem Verlobten. Es ging sogar so
weit, dass ich beide eines Tages als Trauzeuge zum Standesamt
begleitete. – Am Ende der Spielzeit entschlossen wir uns, gemeinsam das Engagement zu beenden und uns an anderen Theatern zu bewerben.

Ich erhielt als Nächstes ein Engagement als Regisseur und
Schauspieler am »Kammertheater Karlsruhe«. Es war ein Theater
mit zwei kleineren Spielstätten unter der Leitung des Intendanten Wolfgang Reinsch. Als eines der nächsten Stücke wollte er
den *Doppeladler* von Jean Cocteau inszenieren. Es handelte sich
bei dem Inhalt des Stückes um jenes tragische Ereignis, das sich
zwischen der bekannten Elisabeth von Österreich und einem
jungen anarchistischen Revolutionär abgespielt hatte, der den
Auftrag hatte, sie zu ermorden. Cocteau arbeitete in diesem
Stück eine von Hass durchtränkte Liebesbeziehung heraus, in
der am Schluss beide Personen sich gegenseitig den Tod geben.
Die Rolle des Anarchisten sollte ich übernehmen, es fehlte jedoch noch die Schauspielerin für die Rolle der Elisabeth. Ich
beschrieb ihm daraufhin meine Kollegin Elke Vollstedt, die in der
Zwischenzeit am Stadttheater Ingolstadt engagiert war. Durch
meine Beschreibung ihrer Persönlichkeit holte der Intendant sie
kurz entschlossen nach Karlsruhe, und so kam es letztendlich

1965,
Kammertheater
Karlsruhe
Elke Vollstedt und
S. W. in
»Doppeladler« von
Jean Cocteau
als Stanislaw und
Königin Elisabeth

1966
Elke Vollstedt und
S. W. in »Der Tausch«
von Paul Claudel

1966 in »Gaslicht« von Patrick Hamilton

*Auf Hochzeits-
reise 1967*

dazu, dass wir uns beide in diesem hochdramatischen Stück wieder auf der Bühne gegenüberstanden. Es sollte das Stück unseres Lebens werden.

Das Schicksal hatte uns also, wenn auch auf Umwegen, hier wieder zusammengeführt, und wir entdeckten in dieser Zeit die unausweichliche Bestimmtheit füreinander. Die Trennung von ihrem Mann, den wir auch noch an das Theater nachgeholt hatten, geschah dann auf freundschaftliche und verständnisvolle Weise, so dass wir im Jahre 1967 heiraten konnten. Nicht nur ein hochdramatisches Stück führte uns zusammen, sondern auch unsere Ehe hat durchgehend einen leicht dramatischen Charakter, da wir zwei sehr unterschiedliche Naturen sind. Aber es war und ist, weiß Gott, eine gute, eine erlebnisreiche Ehe.

Gerade die polaren Ausgangspunkte unserer Anschauungen, welche häufig in unseren Gesprächen zutage treten, zeigten sich durch das gemeinsame geistige Weltverständnis als fruchtbar und ergänzend. Auf dem Untergrund der gegenseitig vorhandenen Liebe kamen wir immer wieder zur Übereinstimmung im Hinblick auf die zu bewältigenden Aufgaben in der Lebenspraxis.

Während der folgenden Jahre spielte und inszenierte ich eine Reihe von Dramen mit ihr. Ich entwarf Bühnenbilder und ergriff auch noch die Aufgabe, gemeinsam mit unserem Intendanten ein neues größeres Theater in einem ehemaligen Kino in der Waldstraße in Karlsruhe auszubauen. Meine umfangreichen technischen Erfahrungen und Kenntnisse kamen mir hier zugute, so dass ich neben der fortlaufenden schauspielerischen Arbeit auch noch die Beleuchtungstechnik für ein neues Stellwerk entwickeln konnte.

Das Jahr 1967 brachte einige Turbulenzen. Mit wachsendem Engagement hatte ich mit meiner Frau die Pläne für die Notstandsgesetzgebung mitverfolgt, und wir hatten Sorge, dass es die Grundlage zu einem späteren totalitären Regime werden könnte. So standen wir eines Tages mit anderen Demonstranten gemeinsam mit dem Megaphon in der Hand vor dem Karlsruher Staatstheater und gaben für die versammelte Menge Parolen durch. Trotz der intensiven künstlerischen Arbeit nahmen die politischen Ereignisse einen immer größeren Raum in unserem Bewusstsein ein. Als dann noch die Terrorbombardements der Amerikaner in Vietnam begannen, war ich darüber so empört, dass ich mich meinem Chef gegenüber weigerte, eine Komödie zu inszenieren mit der Bemerkung, dass ich in einer so ernsten Situation das nicht verantworten könne. Wieder war es das Miterleben der Unterdrückung eines Volkes durch äußere Macht, das mich gepackt hatte und auch in der kommenden Zeit nicht mehr loslassen sollte. Mein Chef schien Verständnis zu haben und bot mir die Inszenierung eines Ersatzstückes an, das ich jedoch in der Kürze der Zeit nicht in den Griff bekam. Das dadurch getrübte Verhältnis zwischen uns führte dann dazu, dass ich die Mitarbeit am Kammertheater aufgab und ein Engagement am Schauspielhaus Esslingen als Schauspieler und Spielleiter annahm. So näherte ich mich wieder Stuttgart.

Mein Vater, der während der vergangenen Jahre die politische Entwicklung und insbesondere die Ereignisse der weltweiten Jugend- und Studentenbewegung mit wachsender Aufmerksamkeit verfolgt hatte, versorgte mich ständig mit entsprechenden Informationen und machte mich auf die geistige Bedeutung dieser in der Jugend stattfindenden Bewusstseinsentwicklung aufmerksam. Insbesondere war es ihm ein Anliegen, mich auf die neuen Aktivitäten einer Gruppe politisch und sozial engagierter, zum Teil jüngerer Anthroposophen hinzuweisen, zu denen auch Peter Schilinsky gehörte, welcher unter anderem die Reden Rudi Dutschkes in geisteswissenschaftlichem Sinne in seiner Monatsschrift interpretierte und kommentierte. Er lud mich eines Tages zu einer Veranstaltung mit Peter Schilinsky und Wilfried Heidt ein, welche Else Klink als Leiterin des Eurythmeums, die außer ihrer künstlerischen Aktivität immer einen wachen Sinn für die sozialen Ereignisse behalten hatte, organisierte. Unter den rund hundert Teilnehmern traf ich hier das erste Mal auch jene Menschen, mit denen ich später gemeinsam das »FORUM 3« begründen sollte.

Meine Frau und ich waren inzwischen nach Esslingen gezogen, und so konnte ich neben meiner Schauspiel- und Regietätigkeit während des Jahres 1968 an einer regelmäßigen sozialwis-

98

senschaftlichen Studienarbeit teilnehmen, zu der wir durch die erwähnte Veranstaltung angeregt wurden und die uns Else Klink in den Räumen des Eurythmeum ermöglichte. Zu dieser bunt gemischten Menschengruppe gehörten einige ältere Menschen, wie zum Beispiel mein Vater, der sich noch unter Rudolf Steiner am Anfang des Jahrhunderts als 24-jähriger aktiv an der Dreigliederungsbewegung beteiligt hatte, sowie auch viele jüngere Künstler und eine Reihe von Eurythmiestudenten. Wir waren alle der Überzeugung, dass zu den wieder brennend gewordenen sozialen Fragen aus anthroposophisch-sozialwissenschaftlicher Sicht entscheidende Antworten gefunden werden könnten. Wir verfolgten nicht nur die immer dramatischeren Entwicklungen der Studentenbewegung sowie die hoffnungsvollen Vorgänge des Prager Frühlings. Wir erinnerten uns jetzt daran, dass Rudolf Steiner auf eine solche zeitliche Möglichkeit bereits vor fünfzig Jahren hingewiesen hatte, nahmen an Demonstrationen teil und machen entsprechende Aktionen in der Stuttgarter Innenstadt.

Ich hatte immer noch die Bilder »verbrannter Erde« in mir, die sich mir durch die Kriegsereignisse und meiner »Wanderung« durch Deutschland eingeprägt hatten, hatte 1956 durch meinen ungarischen Lehrerkollegen von Kürthy die gewaltsame Niederschlagung des Ungarn-Aufstandes durch die sowjetischen Panzer miterlebt und das Ende des Prager Frühlings, der als eine so hoffnungsvoll friedliche und politisch außerordentlich kluge Revolution begann und dann niedergewalzt wurde. – Drohten sich bei uns, aufgrund der Notstandsgesetzgebung, Verhältnisse zu entwickeln, die in eine ähnliche Richtung zielten?

In unseren wöchentlichen Studiengruppen versuchten wir, sowohl die Gemeinsamkeiten mit der demokratischen Bewegung der Jahre 1917 bis 1919 wie auch die Unterschiede herauszuarbeiten, indem wir sie verglichen mit den gegenwärtigen Ereignissen. So fanden wir, dass im Unterschied zu damals, als die Arbeiterschaft der Träger der sozialen Bewegung war, es heute die Jugend geworden sei.

Eine Gruppe von etwa fünfzehn Leuten hatte sich enger zusammengeschlossen mit dem tiefen Anliegen, die gewonnenen

Erkenntnisse über zeitgemäße Selbstverwaltung in den Betrieben auch in die Praxis umzusetzen. Das führte zum Beispiel bei mir dazu, dass ich in der Mitte des Jahres 1968 in einer Krisensituation meines Ensembles den Vorschlag machte, dass auch die Schauspieler sich stärker an der Mitgestaltung des ganzen Esslinger Theaterbetriebes beteiligen sollten. Kurz gesagt: Ich setzte mich für die konsequente Selbstverwaltung und Mitgestaltung durch die Schauspieler in meinem Theater ein. Als ich jedoch in der nächsten Betriebsversammlung dem Intendanten gegenüber unsere Ideen vortrug, hatte keiner der Schauspieler den Mut, mich dabei zu unterstützen, im Gegenteil: Der Vorwurf des Intendanten, »der Regisseur gehört auf die Seite der Intendanz und nicht auf die Seite der Schauspieler«, führte dazu, dass mein Vertrag nicht verlängert wurde und ich auch in der auslaufenden Spielzeit weniger zu tun hatte.

So fand ich nun genügend Zeit, mich immer stärker den politischen Aktivitäten zu widmen. Oft hatten wir kleine dramatische Szenen für Aktionen auf dem Stuttgarter Schlossplatz entwickelt, um mit den Bürgern über soziale und politische Dinge ins Gespräch zu kommen. Dabei wollten wir zum einen unsere eigenen Erkenntnisse über eine gesellschaftliche Neugestaltung im Sinne einer dreigliedrigen Demokratie auf ihre praktische Anwendbarkeit im Gespräch mit anderen Menschen erproben und unsere Gesprächsfähigkeit entwickeln, zugleich jedoch auch von der Lebens- und Berufserfahrung anderer Menschen aus allen sozialen Schichten lernen. Diese auf der Straße gemachten Erfahrungen wurden in der anschließenden »Manöverkritik« regelmäßig ausgewertet. Aber wir wurden auch immer wieder bei diesen Aktionen gefragt: »Wer seid ihr? Woher kommt ihr? Und woher habt ihr eure Ideen? Wo können wir euch treffen?« Da wir uns jedoch nur in Hinterzimmern von Gaststätten treffen und auf keinen festen Ort verweisen konnten, begaben wir uns auf die Suche nach eigenen Räumen, in denen wir einen festen Treffpunkt als Gesprächsforum anbieten konnten. Besonders der Maler und Graphiker Karl-Heinz Flau, der mit großer Begeisterung die Aktionen mitgestaltete und später Mitbegründer werden sollte, machte immer wieder geltend, dass es wichtig sei zu zeigen, dass wir auch praktisch selbst etwas gestalten können, was unseren Ideen entspricht.

Das Jahr 1968 erlebte auch ich als den Höhepunkt einer Entwicklung, die sich lange vorbereitet hatte. Es war das Jahr, in dem der Prager Frühling für die Weltöffentlichkeit sichtbar wurde, es war das Jahr des Pariser Mai, des tragischen Prager Herbstes und zugleich das Jahr, in dem das folgenreiche Attentat auf Rudi Dutschke verübt wurde. Wenn ich im Zusammenschauen aller der Ereignisse, die um mich herum stattfanden, versuchte, den Kern der Ereignisse auf den verschiedenen politischen Ebenen herauszufinden, so kam ich zu dem Ergebnis, dass es trotz vieler unterschiedlicher äußerer Anlässe letztendlich ein Impuls und ein Schrei nach Befreiung des Menschen aus der Bevormundung durch staatliche Verhältnisse war. Überall wurde für mich eine Anstauung hart gewordener, die Entwicklung der Persönlichkeit unterdrückender gesellschaftlicher Strukturen sichtbar. Was mich selbst betraf, so hatte sich mein Lebensweg und der Schwerpunkt meiner Tätigkeit scheinbar wie von selbst nach Stuttgart verlagert!

Wenn ich zurückblickte, so ergab sich der Eindruck, ich hatte vom Süden Deutschlands einen Sprung nach Berlin gemacht und mein Schicksal hatte mich dann über den Norden und Westen Deutschlands über Karlsruhe und Esslingen wie in einer Art großen Spirale zu einem sich verdichtenden Mittelpunkt wieder nach Stuttgart zurückgeführt.

Das Jahr 1968 erwies sich als das »Jahr X«, welches ich 1953 mit meinen Mitstudenten beim Auseinandergehen in einer Zeit der zunehmenden wirtschaftlichen Konsolidierung als zukünftigen Zeitpunkt ins Auge gefasst hatte. Das war die Zeit, der Ort und die Aufgabe, für die ich mich auf den verschiedenen Etappen meines Weges vorbereitet hatte.

Noch waren mir allerdings die unendlich vielen Einzelheiten der Aufgabe, die sich erst im Laufe der Zeit herausstellen sollten, nicht bewusst. Damit begann jedoch die letzte große Etappe auf meinem Lebensweg, der jetzt nicht mehr so sehr von äußeren Umständen, sondern immer stärker von den in mir aufleuchtenden Ideen und Impulsen geprägt war. Sie entzündeten sich zunächst an den äußeren Umständen und führten dann zu neuen Menschenbegegnungen, durch die ich sie gemeinschaftlich in die Tat umsetzen konnte. Alle Lebenserfahrungen, die ich bis dahin gemacht hatte, alle Fähigkeiten und Erkenntnisse, die ich erworben hatte, sollten mir nun für die künftigen Aufgaben zur Verfügung stehen. Noch lag das Jahrhundertende in weiter Ferne. Aber was würde es bringen?

1968 UND DIE STUTTGARTER ZEIT

Gemeinsame Erkenntnisse, Erlebnisse und Aktionen

Wenn ich mir heute im Rückblick die Frage stelle, was diese Gruppe von rund zwanzig Menschen schicksalhaft zusammengeführt hatte, aus der später die Begründung des FORUM 3 hervorgehen sollte, so waren es zwei Faktoren: Einmal war es die Anthroposophie, die in jedem dieser Menschen in individueller Ausprägung lebte, und insbesondere die daraus gewonnenen sozialen Erkenntnisse und Ideen, die ziemlich genau fünfzig Jahre zuvor Rudolf Steiner aus den sozialen Forderungen der Zeit entwickelte und formulierte und die 1919 erstmals durch ihn und seine Mitarbeiter in vielfältigen Aktionen in die breite Öffentlichkeit gestellt wurden. Damit sollte ja bereits damals für die unmittelbare Gegenwart und Zukunft eine grundlegende Neugestaltung des gesamten gesellschaftlichen Organismus eingeleitet werden. Von Mitteleuropa aus hätten dann durch die Praxis der Völkerbeziehungen neue demokratische Gestaltungsimpulse auch für die angrenzenden Völker ausgehen können. Das Zweite, was uns zusammenführte und was wir offensichtlich auch gemeinsam hatten mit Millionen junger Menschen an den verschiedenen Orten der Erde, waren die unmittelbaren Erfahrungen der Gegenwart und die Überzeugung, dass es wieder einmal dringend »an der Zeit« war, die verhärteten Gesellschaftsstrukturen zu erneuern. Jeder erlebte das am eigenen Leib, an seinem Platz, an dem er gerade stand. Wir waren sicher, dass weitere soziale Krisen und Fehlentwicklungen unvermeidlich wären, wenn – zumindest auf Deutschland bezogen – die »Verfassungswirklichkeit« sich immer weiter von den allgemeinen bereits formulierten Grundrechten entfernen würde. Im Gegensatz zu der scheinbar zwangsläufigen Entwicklung zu einer immer stärke-

Forum-Begründung 1969

ren Zentralisierung des Staatswesens hielten viele Menschen eine Neugestaltung des ganzen gesellschaftlichen Lebens für unumgänglich.

Wir kamen zu der Überzeugung, dass in allen wirtschaftlichen und kulturellen Einrichtungen die Verantwortung auch in die Hände der dort tatsächlich arbeitenden Menschen gelegt werden müsste. Dafür hatte ich mich ja in meinem eigenen Theater in Esslingen auch eingesetzt. Wenn wir versuchten, die weitere Entwicklung ins Auge zu fassen, so mussten wir uns sagen, dass eine weitere Zunahme der zentral-staatlichen Macht mit ihren – notwendigerweise – einseitigen und praxisfremden, weltanschaulich politisch gefärbten Entscheidungen zu weiteren unabsehbaren Fehlleistungen im sozialen Leben führen müsste. Was wir damals dachten, waren für uns keine Theorien. Wir erlebten am eigenen Leib die Starrheit dieses in seiner Entwicklung zurückgebliebenen Staatssystems preußischer Prägung. Wir erlebten es offensichtlich gemeinsam mit vielen anderen als menschenfeindlich, weil es mit seinen primitiv demokratischen Formen allenfalls den Gegebenheiten des 19. Jahrhunderts entsprach, aber nicht den Notwendigkeiten und Möglichkeiten einer hochtechnisierten, sich dynamisch entwickelnden Industriegesellschaft des 20. Jahrhunderts, welche auf den Mitgestaltungswillen besonders der jungen Generation bauen müsste. Im Rückblick auf die tragische Entwicklung der vergangenen Jahrzehnte sahen wir, dass eine praktische Weiterentwicklung der demokratischen Mitentscheidung auf allen drei Gebieten der *Kultur*, des *politisch-rechtlichen Lebens* und der *Wirtschaft* bis herunter in jede einzelne soziale Einrichtung, in jedem Betrieb nach sachlichen Gesichtspunkten schon am Anfang des Jahrhunderts erforderlich gewesen wäre.

Es war einer der genialen prognostischen Gedanken Rudolf Steiners, der uns half, die tieferen Ursachen der Entwicklung zu deuten und zu verstehen, den er bereits 1919 folgendermaßen formuliert hatte: »Lassen Sie drei Jahrzehnte noch so gelehrt werden wie an unseren Hochschulen gelehrt wird, lassen Sie noch durch dreißig Jahre so über soziale Angelegenheiten gedacht werden wie heute gedacht wird, dann haben Sie nach diesen dreißig Jahren ein verwüstetes Europa [...] Alles wird umsonst sein. Wenn die Umwandlung nicht geschieht aus dem Fundamente der Menschenseelen heraus: aus dem Denken der Beziehung dieser Welt zur geistigen Welt, wenn nicht da umgelernt wird, wenn nicht da umgedacht wird, dann kommt die moralische Sintflut über Europa!«[*] Ich hatte ja selbst dieses verbrannte und verwüstete Europa erlebt, die tief verletzten Menschenseelen, die verwirrten Schicksale. Und ich hatte den Eindruck, dass seitdem auch nichts wirklich aufgearbeitet worden war. Man hatte einfach nur so weitergemacht.

Nun war aber eine Generation herangewachsen, die mit ganz anderen neuen Hoffnungen und Erwartungen auf diese Erde gekommen war. Und so war es aus geisteswissenschaftlicher Sicht für uns nicht überraschend, dass sich in den sechziger Jahren entsprechende Forderungen aus der jungen Generation mit

[*] Rudolf Steiner, 4.12.1919, GA 194.

eruptiver Kraft als weltweite Studentenbewegung Ausdruck ver-
schafften; wobei ich durch viele Gespräche beobachten konnte,
wie die bewegende Kraft aus dem *eigenen Erleben* kam und die
herangezogenen Theorien meistens nur sekundäre Argumentati-
onsmittel und Hilfen waren, welche die wirklichen Impulse und
Ursachen oft eher verdeckten als sie verständlich zu machen. Es
war der Aufprall der tieferen, oft verschütteten Seelenimpulse auf
die äußeren Tatsachen, wodurch sich dann der Funke zum jeweiligen Aufstand und zur Bewegung entzündete. Diese Bewegung
ging wie eine Welle um die Welt, in der man unter der Oberfläche
das Wirken des Zeitgeistes entdecken konnte. Sie sollte als Quelle
vieler einzelner Strömungen bis in die Gegenwart weiter fortwir-
ken und sich in unterschiedlichsten Erscheinungsformen zur
Geltung bringen.

Wir entdeckten gemeinsam mit vielen sozial bewussten Menschen, dass ein unmittelbarer innerer Zusammenhang bestand
zwischen den elementaren Impulsen der Studentenbewegung
und den Vorgängen und Ideen, die damals das ganze tschechoslo-
wakische Volk bewegten und die mit dem Begriff »Prager Frühling« verbunden sind. So wie unzählige Menschen in West und
Ost, so erlebte ich damals gemeinsam mit den mir verbundenen
Freunden diesen Versuch, eine »Gesellschaft mit dem Antlitz des
Menschen« zu schaffen, so als würde dort unser eigenes Schicksal
entschieden. Und als dieser historisch erstmalige Versuch einer
friedlichen Revolution in einem sozialistischen Einheitsstaat un-
ternommen wurde, der Versuch, den Sozialismus durch Demokratie und Freiheit zu einer menschengemäßen Dreiheit zu machen, wurde das von uns und vielen anderen Menschen mit tiefer
Hoffnung begleitet. Als dann der Einmarsch sowjetischer Panzer
diesen Versuch niederwalzte, empfanden wir das wie einen
Schlag gegen die eigene Persönlichkeit und unsere Zukunftshoffnung.

Dennoch erlebten wir trotz der Rückschläge und der Tragik
der Ereignisse – Einmarsch der Panzer in die CSSR, Niederschlagung des Pariser Mai, Erschießung von Benno Ohnesorg, Attentat auf Rudi Dutschke und vieles andere – diese turbulente Zeit

noch bis Anfang der siebziger Jahre als von einer entschiedenen Aufbruchsstimmung geprägt. Wir fühlten uns gerade aus dem anthroposophischen Menschen- und Lebensverständnis heraus als einen Teil dieser ganzen Bewegung.

Und so fanden sich wie gesagt auch in Stuttgart junge Leute, Studenten, Lehrlinge, Menschen im mittleren Alter, aus künstlerischen, kaufmännischen und anderen Berufen sowie einige ältere Menschen, die trotz vorgerückten Alters sozial engagiert und begeistert waren, zusammen. Diese hatten ihren Jugendidealismus lebendig erhalten und schlugen die Brücke von der alten zur jungen Generation durch das, was sie in ihrer eigenen Jugend an geistigen Aufbruchskräften und auch als Tragik des Scheiterns erfahren hatten und was sie jetzt ein halbes Jahrhundert später in der jungen Generation wieder in neuer Form als Aufbruchsstimmung und als den Willen zur Neugestaltung der Gesellschaft erlebten. Daraus begründete sich dann in Stuttgart die »Aktionsgruppe für soziale Dreigliederung«. Anders als viele Studenten, die nur auf die alten sozial-revolutionären Schriften von Marx und Engels zurückgriffen, die auf dem Hintergrund der bürgerlichen Gesellschaft des 19. Jahrhunderts entstanden waren, konnten wir auf den Erkenntnissen Rudolf Steiners aufbauen, welche die ganze Dramatik des 20. Jahrhunderts und die dann vorhandenen Entwicklungsmöglichkeiten im Grunde schon vorwegnahmen.

Während wir an Demonstrationen und Kongressen teilnahmen sowie regelmäßige Aktionen machten, versuchten wir in unseren Treffen, uns Klarheit über die wesentlichen Aufgaben unserer Zeit zu verschaffen. Zunächst ging es uns darum zu verstehen, was unmittelbar nach dem Ersten Weltkrieg stattgefunden hatte und was in den historischen Schriften und Gedanken von Rudolf Steiner entwickelt wurde. Ich selber konnte dabei nicht nur die Erfahrungen meines Vaters heranziehen, sondern auch diejenigen, welche mir von vielen der noch lebenden Zeitgenossen damaliger Ereignisse persönlich vermittelt wurden. Was hatte sich damals ereignet?

Nachdem Rudolf Steiner seit 1917 eindringlich vor der Fortführung des Krieges und seinen verheerenden Folgen gewarnt hatte, wurde im Revolutionsjahr 1919 von ihm und einigen Mitarbeitern der Versuch gemacht, durch die Dreigliederung des sozialen Organismus die von der Zerstörung bedrohte mitteleuropäische Kultur in neue Bahnen zu lenken. Diese historische Bewegung hatte ja ihren Ausgangspunkt und ihr Zentrum unter anderem in Stuttgart. Sie stützte sich auf die in der damaligen Zeit in den Menschen lebenden Forderungen nach einer Neugestaltung der Gesellschaft, wie sie am vehementesten auch von der damaligen Arbeiterschaft artikuliert wurde. Die von Rudolf Steiner formulierten Grundgedanken, die er in den *Kernpunkten der sozialen Frage in der Gegenwart und Zukunft* veröffentlichte, und seine Aktionen fanden damals bei der Bevölkerung im süddeutschen Raum zunächst eine breite Zustimmung. Dieses damals schon global orientierte Konzept Steiners war auch eine Antwort auf das »15-Punkte-Programm« des damaligen US-Präsidenten Wilson, welches gemäß dem wirtschaftlichen Expansionsstreben Amerikas eine Weltordnung auf der Grundlage des »Selbstbestimmungsrechtes der *Völker*«, d.h. der Nationalstaaten, postulierte. Damit wurde jedoch nicht das kulturelle Autonomie-Streben der unterschiedlichen in den Nationalgrenzen lebenden Volksgruppen und Menschen berücksichtigt, was bis zum heutigen Tage Anlass zu scheinbar unlösbaren Konflikten und verheerenden Kriegen gibt.

Steiners mitteleuropäisches Konzept einer weiterentwickelten, zeitgemäßen Demokratie nimmt dagegen ganz radikal seinen Ausgangspunkt neuer sozialer Strukturen von der »Selbstbestimmung des *Menschen*«. Wo dieses soziale Gestaltungsprinzip heute schon in kleinen Zusammenhängen praktiziert wird, erweist es sich als elastisch und entwicklungsfähig und setzt die unternehmerischen Initiativkräfte der Menschen frei.

Wir entdeckten im Laufe der Zeit wieder alte Flugblätter, Plakate und Schriften aus dieser Zeit, führten Gespräche mit den noch lebenden Persönlichkeiten, welche damals an den Aktionen beteiligt waren, und ließen uns dadurch anregen. Schwerpunkt dieser

Bemühungen von 1919 war die Forderung nach Aufgliederung des alten, ohnehin zusammengebrochenen, zentralistischen Einheitsstaates, einerseits in ein geistig-kulturelles Gebiet und seiner Einrichtungen, die sich im Sinne der Freiheit konsequent selbstverwalten sollten, andererseits in ein wirtschaftliches Gebiet, in dem alle Betriebe im Sinne brüderlicher Zusammenarbeit durch diejenigen auch unmittelbar verwaltet werden, die dort arbeitend und organisierend tätig sind. Als Drittes sollte sich der Staat auf seine rein politisch-rechtlichen Aufgaben beschränken und die allgemein menschlichen Interessen durch den Schutz des mündigen Bürgers im Sinne der Gleichheit gewährleisten.

Diese funktionelle Aufgliederung des ganzen gesellschaftlichen Lebens in einer Art »gesellschaftsweiter Arbeitsteilung« hätte die sozialen Gestaltungskräfte aller Menschen mobilisieren sollen. Auf die Selbstbestimmung und Eigenverantwortung der Menschen zielt diese Konzeption ab. – Es leuchtete uns zutiefst

Herausgeber: Bund für Dreigliederung des sozialen Organismus. Verantwortlicher Schriftleiter: Ernst Uehli. — Geschäftsstelle und Versand: Stuttgart, Champignystraße 17. — Rufnummer 2866 und 12160 62 (durch Umschaltung).

Nr. 1 Stuttgart 11. Juli 1919

Erscheint zunächst wöchentlich einmal. — Bezugspreis der Einzel-Nummer 15 ₰. — Vierteljährlich durch die Post in Deutschland .ıı 1,70 (ohne Bestellgeld). — Lieferung ins Ausland durch die Geschäftsstellen nach Vereinbarung.

Die Dreigliederung des sozialen Organismus eine Notwendigkeit der Zeit.
Dr. Rudolf Steiner.

Es ist an der Zeit, zu erkennen, daß die Parteiprogramme, die sich aus älterer oder jüngerer Vergangenheit in die Gegenwart herein erhalten haben, den Tatsachen gegenüber versagen müssen, welche aus der Weltkriegskatastrophe heraus entstanden sind. Diejenigen dieser Programme, deren Träger mitarbeiten durften an der Ordnung der gesellschaftlichen Zustände, sollte man durch diese Katastrophe für widerlegt halten. Diese Träger sollten sich klar darüber sein, daß ihre Gedanken unzulänglich waren, den Entwicklungsgang der Tatsachen zu beherrschen. Diese Tatsachen sind den Gedanken entglitten und haben in Verwirrung und gewaltsame Entladung hineingetrieben. Daß

selbst lebender Gedanken fordern, erweisen sich diese theoretischen „Gedanken ohne Praxis" als unzulänglich. Und sie werden ihre Unzulänglichkeit immer mehr erweisen, je mehr es nötig werden wird, mit Gedanken ordnend in die Wirklichkeit des verworrenen Lebens der Gegenwart einzugreifen. Gegenüber der Routine ohne Gedanken und den theoretischen Programmen ohne Praxis ist heute bei Menschen, die wirklich praktisch denken wollen, ein guter Wille in einer gewissen Achtung notwendig. Die routinierten, aber doch in Wahrheit unpraktischen Praktiker sollten sich bemühen, einzusehen, daß plan- und gedankenloses Fortwirtschaften aus der Katastrophe nicht heraus-, sondern immer tiefer in sie hineintreiben wird. Man will sich gegenwärtig noch über die Einsicht hinwegtäuschen, daß die Gedankenlosigkeit, die man mit Lebenspraxis verwechselt hat, in die Verwirrung geführt hat. Man hat die Forderer der Gedanken als „unpraktische Idealisten" verachtet und man

formen des menschlichen Gesellschaftslebens sich festsetzten aus den wirtschaftlichen Macht- und Bedürfnisformen heraus; es konnte sehen, wie das gesamte Geistesleben, insbesondere das Erziehungs- und Schulwesen sich aufgebaut hat aus den Verhältnissen heraus, die sich aus den wirtschaftlichen Unterlagen und aus dem von der Wirtschaft abhängigen Staate ergaben. In dem Proletariat hat sich der zerstörende Überglaube festgelegt, daß alles Rechts- und alles Geistesleben naturnotwendig aus den Wirtschaftsformen entstehe. Große Kreise auch von Nicht-Proletariern sind heute schon von diesem Überglauben befallen. — Was in den letzten Jahrhunderten als eine Zeiterscheinung sich entwickelt hat: die Abhängigkeit des Geistes- und Rechtslebens vom Wirtschaftsleben, das sieht man als eine Naturnotwendigkeit an. Man bemerkt nicht, was die Wahrheit ist: daß diese Abhängigkeit die Menschheit in die Katastrophe hineingetrieben hat; und man gibt sich dem Überglauben

Nummer 1 der Aktionszeitschrift

Der Weg des „dreigliedrigen sozialen Organismus".

Der Ruf nach einer Neugestaltung des sozialen Zusammenlebens und Zusammenarbeitens der Menschen geht durch die Welt. Die wirtschaftlichen, rechtlich-politischen und geistigen Lebenszustände, die im Anfang des zwanzigsten Jahrhunderts herrschend waren, haben in die schreckenerfüllte Weltkatastrophe dieser Zeit geführt. Ein **Wirtschafts-system**, das unsozial, ein **rechtlich-politisches** Leben, das ungeeignet war, die vom Bewußtsein der großen Mehrheit der gegenwärtigen Menschheit als ungerecht empfundenen Klassengegensätze zu überwinden, eine **Geisteskultur**, die sich trotz ihrer „Fortschritte" als unfähig erwiesen hat, Führer zu sein aus einem unsozialen Wirtschaftsleben und einem auf Klassengegensätzen ruhenden Staate heraus: sie müssen **einem Neuen** Platz machen.

Mag unter „Sozialisierung" der Eine heute noch dies, der Andere jenes verstehen: einig könnten alle, die nicht geistig blind unsere Zeit durchleben wollen, sein, daß durch die „Sozialisierung" aufgerufen werden müssen zur eigenen Gestaltung ihrer sozialen Verhältnisse **alle diejenigen**, die bisher diese Verhältnisse sich aufgedrängt sahen durch die Macht ihnen geistig, rechtlich oder wirtschaftlich übergeordneter Klassen. Klassenkämpfe können nur mit dem Aufhören der geistigen, rechtlichen und wirtschaftlichen Klassengegensätze selbst verschwinden.

Daß dies der Ruf der Zeit ist, zeigt die Bewegung des Proletariats, zeigt aber die richtig verstandene Geschichtsentwickelung selbst.

Das **Ziel** wird gefühlt.

Den **Weg** will der Impuls zum dreigliedrigen sozialen Organismus hin zeigen.

Dieser Impuls fordert die völlige **Verselbständigung des Geisteslebens,** einschließlich des Er-ziehungs- und Schulwesens. Er sieht die Ursachen des geistigen Unvermögens unserer Zeit in der Auflaugung des Geistes-kultur durch den Staat. Er verlangt die vollständige Selbstverwaltung dieser Kultur aus den rein sachlichen und allgemein-menschlichen Gesichtspunkten heraus. Es wird erst richtig erzogen werden, wenn in die Frage: wie erzieht man alle Menschen zu wahren lebenstüchtigen Menschen, **niemand** hineinzureden hat als diejenigen, die **nur** aus den Untergründen der Menschennatur selbst darüber urteilen können.

Dieser Impuls fordert die **Einschränkung des Staatslebens** auf alle diejenigen Lebensver-hältnisse, für die alle Menschen vor einander **gleich** sind. Auf diesem Boden ist auf streng demokratische Art mit Umwandlung der gegenwärtigen privatkapitalistischen Besitz- und Zwangsarbeitsverhältnisse vor allem ein solches allgemeines Menschenrecht zu erringen, das den Arbeiter als völlig freie Persönlichkeit dem Arbeitleiter, der nur noch geistiger Arbeiter ist, gegenüberstellt.

Dieser Impuls fordert ein **Wirtschaftsleben,** in dem der Arbeiter dem Arbeitleiter so gegenübertritt, daß zwischen beiden ein freies Gesellschaftsverhältnis über die Leistungen vertragsmäßig zu stande kommen kann, sodaß das Lohnverhältnis völlig aufhört. Dazu ist die völlige Sozialisierung des Wirtschaftslebens notwendig. Nur aus der sach-gemäßen Teilnahme aller Menschen an entsprechenden Genossenschaften, die aus den Berufen einerseits, den Konsumenten- und Produzentenbedürfnissen andrerseits entstehen, kann eine Wertregulierung der Güter hervorgehen, die allen Menschen ein menschenwürdiges Dasein sichert. Eine solche Wertregulierung der Güter kann erst den **Grundsatz** ver-wirklichen: es darf nicht produziert werden, um zu profitieren, sondern nur um zu konsumieren. Sie ist nur möglich,

Aus einem Flugblatt zu Dreigliederungsaktionen in Stuttgart 1919
für eine gesamtgesellschaftliche Neugestaltung

Aufruf zur
Begründung eines Kulturrates!

Der von Dr. Rudolf Steiner verfaßte Aufruf „An das deutsche Volk und an die Kulturwelt" gibt die Anregung zur Dreigliederung des sozialen Organismus. Er fordert:

1. Die völlige Verselbständigung des Geisteslebens, einschließlich des Erziehungs- und Schulwesens. Er weist auf das geistige Unvermögen unserer Zeit, insofern es seine Ursachen in der Aufsaugung der Geistes-kultur durch den Staat hat. Er verlangt die vollständige Selbstverwaltung dieser Kultur aus den rein sachlichen und allgemein-menschlichen Gesichtspunkten heraus.

2. Die Einschränkung des Staatslebens auf alle diejenigen Lebensverhältnisse, für die alle Menschen vor einander gleich sind. Auf diesem Boden ist auf streng demokratische Art mit Umwandlung der gegen-wärtigen privatkapitalistischen Besitz- und Lohnarbeitsverhältnisse vor allem ein solches allgemeines Menschenrecht zu erreichen, das den Arbeiter als völlig freie Persönlichkeit dem Arbeitleiter, der nur noch geistiger Arbeiter ist, gegenüberstellt.

3. Ein Wirtschaftsleben, in dem der Arbeiter dem Arbeitleiter so gegenübertritt, daß zwischen beiden ein freies Gesellschaftsverhältnis über die Leistungen vertragsmäßig zu stande kommen kann, sodaß das Lohnverhältnis völlig aufhört. Dazu ist die völlige Sozialisierung des Wirtschaftslebens notwendig. Nur aus der sachgemäßen Bildung von entsprechenden Genossenschaften, die aus den Berufen einer-seits, den Konsumenten- und Produzentenbedürfnissen andererseits entstehen, kann eine Wertregulierung der Güter hervorgehen, die allen Menschen ein menschenwürdiges Dasein führt.

Weite Kreise des deutschen Volkes, die die Vorschläge Dr. Rudolf Steiners in sich aufgenommen haben, sind durchdrungen von der Erkenntnis, daß es in dem gegenwärtigen Zeitpunkte tiefster Not die weltgeschichtliche Aufgabe des deutschen Volkes ist, durch Aufnahme dieses Impulses nicht nur sich selbst vor dem Sturz in den Abgrund zu bewahren, an dessen Rand es die bisher leitenden Kreise durch ihr Unverständnis gegenüber den Menschheitsforderungen der neueren Zeit gebracht haben, sondern daß dadurch auch der Keim gelegt werden kann zur Befreiung aller Menschen von der Unterdrückung durch die Macht der alles verschlingenden Wirtschaftspolitik und der in ihrem Dienste stehenden imperialistischen Staaten.

Die breiten Massen des arbeitenden Volkes sind durch die völlige Einspannung in das Wirtschaftsleben des seelenverödenden Kapitalismus in leibliche und seelische Not geraten. Sie erwarten eine Besserung ihrer Lage von einer rein wirtschaftlichen Umwälzung. Sie erheben die Forderung nach Sozialisierung des Wirtschaftslebens. Eine einseitige Sozialisierung des Wirtschaftslebens würde jedoch nur eine Scheinsozialisierung sein. In ihr würde die bisherige Zwangsherrschaft des Kapitalismus ersetzt werden durch eine nivellierende und jede freie mensch-liche Entfaltung hemmende Bürokratie, die zu einer völligen Mechanisierung aller menschlichen Tätigkeit und damit zu einer Entmenschung des Menschen führen müßte. Dieser Gefahr kann nur begegnet werden durch eine gleich-zeitig erfolgende Befreiung des Geisteslebens von staatlicher Bevormundung und wirtschaftlicher Abhängigkeit. Ein selbständiges Geistesleben wird durch die Pflege aller menschlichen Anlagen und Fähigkeiten in der Lage sein, dem Wirtschaftsleben, das sich sonst selbst verzehren müßte, ständig neue aufbauende Kräfte zuzuführen.

Das deutsche Volk war bis zum Ausbruch der Weltkriegskatastrophe stolz auf sein Geistesleben. Und doch war dieses Geistesleben, trotz all seiner so laut gepriesenen Errungenschaften, weder in der Lage, die Gedanken ab-zugeben für eine soziale Ordnung im Innern, die den neueren Menschheitsforderungen hätte gerecht werden können, noch konnte es diese Aufgabe nach Außen erfüllen. Daß Deutschland in den letzten fünf Jahrzehnten nicht vermochte, sich eine weltgeschichtliche Mission zu setzen, hat es in die Weltkriegskatastrophe hineingetrieben; durch das Fehlen des Bewußtseins von einer solchen Mission während des Weltkrieges mußte es in ihm unterliegen. Der russische

Aus einem Flugblatt zum Aufruf für die Begründung
eines Kulturrates 1919

111

ein, dass mit einem Gelingen dieser gesellschaftlichen Neugestaltung auch das hätte verhindert werden sollen, was dann 1933 bzw. 1939 durch den Nationalsozialismus über Europa hereinbrach. Das in der Folge davon eingetretene Verbot der Anthroposophischen Gesellschaft und der Waldorfschulen betraf dann auch mein eigenes Schicksal, denn es verhinderte den für mich vorgesehenen Besuch der Waldorfschule in Breslau.

Diese von Stuttgart ausgehende soziale Bewegung selbst konnte damals nicht im Großen durchdringen, doch die Ideen und Impulse lebten weiter. Sie führten im August 1919 als Erstes, durch die Initiative von Emil Molt, dem Direktor der Waldorf-Astoria-Zigarettenfabrik, zur Begründung der ersten Freien Waldorfschule in Stuttgart.

Nach genau fünfzig Jahren, 1969, befanden wir Jüngeren uns wieder hier in Stuttgart in einer total veränderten Gesellschaftssituation, in der zwar von Rudolf Steiner vorausgesagte Zustände sich noch krasser entwickelt hatten – und welche nun für jeden wachen Zeitgenossen erlebbar waren –, aber wir fanden auch verblüffende Ähnlichkeiten mit der damaligen Situation und unverändert dringliche Aufgaben zur Neugestaltung des ganzen sozialen Lebens. Jedoch standen für uns nicht mehr die Forderungen der Arbeiterschaft von 1919 zur Debatte, sondern die der jungen Generation mit ihren Lern- und Ausbildungsproblemen in einem mehr und mehr verstaatlichten Kulturleben.

Wir bemühten uns, die komplexen Zusammenhänge der gegenwärtigen Ereignisse besser zu durchschauen, und wir entdeckten, wie in den gegenwärtigen Forderungen eben die Gedanken und Ideale von 1919 in zeitgemäßer Form wieder auftauchten und zu einer sozialen Gestaltung drängten, wie sie bereits am Anfang des Jahrhunderts hätte realisiert werden sollen. Im Laufe der Zeit zwischen 1968 und 1969 formulierten wir dann unsere eigenen Gedanken und brachten sie in den verschiedenen Gesprächen und Diskussionen, auf Kongressen sowie bei den verschiedenen Straßenaktionen zum Ausdruck.

So wurde die Notwendigkeit immer dringlicher, einen Ort für eine kontinuierliche Weiterarbeit und als gemeinsamen Treffpunkt mit anderen Gruppen zu finden. Das Rudolf-Steiner-Haus selbst erwies sich damals als nicht sehr gastlich und auch ungeeignet für eine solche öffentliche Tätigkeit. Als wir zum Beispiel anlässlich der fünfzig Jahre zurückliegenden Dreigliederungsbemühung Rudolf Steiners eines Tages mit Transparenten und Texten von Rudolf Steiner vor dem Haus an der Uhlandshöhe standen, wurde lediglich bemerkt, dass da in dem Text ein Komma fehle! Außerdem erfuhren wir später, dass aus Furcht vor unseren Aktivitäten von den Verantwortlichen der Beschluss für ein Hausverbot für unsere Gruppierung gefasst wurde.

So begann im Jahr 1969 die Suche nach einem eigenen Objekt. Wir waren fest entschlossen, es zu realisieren und hatten schon eine ganze Menge Sperrmüllmöbel für die Ausstattung gesammelt. Wir wussten, dass es nur ein Altbauobjekt sein könnte, welches wir mit unseren wenigen gesammelten Spenden mieten könnten. So geschah es, dass ich eines Tages nach einer Schlossplatz-Aktion mit anschießender Manöverkritik aus einer Kneipe am Rotebühlplatz die Theodor-Heuss-Straße in Richtung Hauptbahnhof entlangfuhr, als mein suchender Blick wie magisch von einem alten, zum Teil beschädigten Sandsteinbau angezogen wurde. Ich empfand es so, als wenn meine Augen dahin gelenkt worden seien.

Als ich anhielt und der Sache weiter nachging, stellte sich heraus, dass das Haus der Stadt gehörte und in zwei Jahren zwecks Straßenerweiterung abgebrochen werden sollte. Mit Hilfe des Architekten Werner Seyfert – dem Schulkameraden eines aktiven und engagierten Mitgliedes unserer Gruppe, Johannes von Dollhopff –, gelang es, die Stadverwaltung zu überzeugen, dass uns einige Räume zu künstlerischen Zwecken bis zum Zeitpunkt des Abbruches überlassen werden sollten. – Wieder war die Verbindung zu einem Menschen eingetreten, der entscheidend dazu beitragen sollte, dass noch zehn Jahre später das Haus nicht nur weiter bestehen, sondern auch baulich erweitert werden konnte.

Die Begründung des FORUM 3

So kam der Sommer 1969 heran. Etwa ein Jahr lang hatten wir uns gedanklich und durch Aktionen vorbereiten können. Einige von uns nahmen im August noch an einer Arbeitstagung auf der Insel Sylt teil, die von Peter Schilinsky zu gesellschaftspolitischen Themen veranstaltet wurde. In der Zwischenzeit hatte es Karl-Heinz Flau in Stuttgart geschafft, den Mietvertrag abzuschließen, und so sollte im September das erste Treffen stattfinden. Als sich dann das erste Mal unsere Gruppe in den abbruchreifen Räumen traf und wir uns auf den alten Sperrmüllmöbeln gegenübersaßen, war ein entscheidender Schritt zur Realisierung unserer Impulse geglückt. Doch jetzt galt es auch, neben den Aktionen und der Gedankenarbeit praktisch handwerkliche Arbeit zu leisten, um die Räume überhaupt für uns und andere Menschen als Treffpunkt nutzbar zu machen. Leitungen hingen aus den Wänden, Fenster und Türen waren undicht und der Boden löste sich teilweise schon ab.

Noch hatten meine Frau und ich die Schauspielerei nicht ganz aufgegeben, und wir tingelten zwischendurch auch noch mit einem Unterhaltungsstück, das auch damals schon mehr Geld brachte, durch die Schweiz. Doch als wir zurückkamen, zeigte sich, dass es mit einem sporadischen Zupacken nicht zu schaffen war, unsere Ziele zu realisieren, sondern dass hier eine wesentlich kontinuierlichere praktische Arbeit zu leisten war. Wir erkannten beide, dass wir den erforderlichen Einsatz für unsere soziale Impulsierung nur erbringen könnten, wenn wir auf den Theaterberuf verzichteten. Das war insbesondere für meine Frau kein leichter Gedanke, denn ihr Leben war bis dahin völlig ausgefüllt mit künstlerischer Arbeit.

Durch die Verbindung mit mir wurde sie nun in wachsendem Maße mit meinem engagierten Einsatz für Anthroposophie und den daraus resultierenden gesellschaftspolitischen Aktivitäten konfrontiert.

Die Entscheidung, vor der sie nun stand, war daher für sie mit weitreichenden, ihr Leben verändernden Folgen verbunden, während sich für mich der Übergang in eine sozial orientierte Tätigkeit aus einer inneren Notwendigkeit entwickelte.

Bei ihrem Entschluss, die schauspielerische Arbeit aufzugeben, schien wieder einmal eine weise Schicksalsführung mitzuwirken, denn ohne ihre weitere Mitarbeit hätte die Mitarbeiterschaft des Forum 3 sich in der folgenden Zeit nicht zu einer so starken, auf tiefere Seelenimpulse gegründeten Menschengemeinschaft entwickeln können. Ohne ihre sichere Menschenkenntnis und sozialkünstlerische Gestaltungsfähigkeit hätten wir auf die Dauer auch nicht die innere menschliche Kraft als Gruppe gefunden, die in allen Entwicklungsphasen unseres Unternehmens notwendig war! Erst zu einem späteren Entwicklungszeitpunkt ergab es sich, dass sie aufgrund ihrer künstlerischen Erfahrung die Leitung des Forum-Theaters übernehmen konnte. – Doch jetzt standen wir noch ganz am Anfang. Und am Anfang herrschte Chaos, zumindest was die Fülle der Aufgaben und all die Menschen betraf, denen wir begegneten und welche mitwirken wollten. So entschlossen wir uns, die Sache zusammen mit ganzer Kraft in die Hand zu nehmen.

Theoretisch waren wir beide arbeitslos gemeldet, doch praktisch standen wir nun von morgens bis abends mit Hammer, Pinsel und Farbeimer in der Hand und renovierten die ersten Räume. Wir bauten mit unserer Gruppe aus dem Sperrmüllmaterial Tische, Stühle, Bänke, Lampen, um erst einmal eine kleine Teestube als Diskussionsforum einzurichten. Es ging auf den Winter zu und es gab nur einen einzigen alten Ofen in den Räumen. Doch wir brauchten bei aller Einfachheit der Gestaltung eine warme Gesprächsatmosphäre. Kurz entschlossen wurden also die Räume mit selbst hergestellten Erdfarben rot gestrichen. Hatten wir vorher schon den Ruf, eine »rote Kaderschmiede« zu sein, hieß es jetzt, wir betrieben eine »rote Haschhöhle«.

Innerlich war ich selbst noch immer von der Idee einer freien Hochschule auf geisteswissenschaftlicher Grundlage impulsiert. Mein spezieller Beitrag sollte außer der sozialen Mitgestaltung eine kleine Schauspielschule sein, die ich auch anfänglich versuchte zu realisieren. Meine Frau hatte den Betrieb der Teestube und die Kassenführung übernommen, nachdem wir mit regel-

1972, Forum 3 vor dem Abbruch gerettet

mäßigen Diskussions-Veranstaltungen den Betrieb eröffnet hatten. Es wurden für uns beide lange Tage. Der Vormittag galt der Vorbereitung, und ich arbeitete regelmäßig mindestens einen Vortrag von Rudolf Steiner durch, um mich auf die sozialen Aktivitäten und die Gruppenarbeit vorzubereiten. Nachmittags folgten Aktionen, Besprechungen, abends Gesprächs- und Arbeitsgruppen, und in der Nacht stand ich oft in einer Kellerwerkstatt, machte Reparaturen und baute Regale und Möbel. Während dieser Zeit finanzierten wir uns aus unseren Ersparnissen, da das Arbeitslosengeld nur einen Teil unserer Lebensbedürfnisse abdeckte.

Noch immer hatte ich jene Verabredung mit den Freunden des ehemaligen Hochschulkreises nicht vergessen, dass wir uns im Jahre X wieder treffen würden, um eine freie Hochschule zu begründen. Doch als ich sie aufsuchte, war jeder in seiner beruflichen und familiären Situation so eingebunden, dass sich da keiner von ihnen herauslösen konnte. Aber ich hatte ja neue Freunde getroffen, die sich mit mir und meiner Frau zusammengetan hatten. Zu ihnen gehörte auch Johannes von Dollhopff, der sich als treuer Freund erwies und in immer höherem Maße unsere Arbeit – bis zum heutigen Tag – tatkräftig unterstützte. Seine spontane und immer erfinderische Art drückte sich unter anderem darin aus, dass er in der Anfangszeit ganz locker eine Druckmaschine für unsere Flugblätter im Wohnzimmer seiner ebenfalls sozial engagierten Eltern aufstellte.

Als wir nach einiger Zeit die Notwendigkeit sahen, eine rechtliche Form für die öffentliche Arbeit zu finden und die Frage nach einem Namen entstand, schloss sich für mich der Impuls zur sozialen Neugestaltung, den wir hier in einem ganz kleinen Maße auf die Erde herunterzubringen versuchten, zusammen mit dem Erlebnis, das ich in Rom auf dem Forum Romanum hatte. Und so schlug ich den Namen »FORUM 3« vor, weil es ein Forum werden sollte für eine dreigliedrige, von Menschen bestimmte Demokratie. Unter diesem Namen sollte es dann auch in der Öffentlichkeit immer mehr bekannt werden. Wir hatten große Ziele ins Auge gefasst. Gemeinsam mit vielen anderen gesellschaftspolitisch engagierten Gruppen wollten wir nichts weniger als die gesamte Gesellschaft neu gestalten! Doch war nach einiger Zeit leider klar, dass wir uns beschränken mussten. Das alte soziale Entwicklungsgesetz, »was zu einem früheren geistesgeschichtlich ›richtigen‹ Zeitpunkt nicht erreicht wird, muss zu einer späteren Zeit aus einer höheren geistigen Sphäre heraus versucht werden«, wurde schmerzlich erlebbar.

Doch aus welcher geistigen Ebene gearbeitet werden müsste, um eine gesamt-gesellschaftliche Wandlung zu bewirken, wurde mir erst zwei Jahrzehnte später anhand der tatsächlich stattfindenden Bewusstseinsentwicklung deutlich. So begannen wir nun wenigstens mit einer kleineren Gruppe junger Menschen, die zusammenarbeiten wollten, soziale Formen zu schaffen, aus denen heraus wir weiterhin auch in der Öffentlichkeit glaubwürdig agieren konnten. Das sollte zunächst immer stärker unser Beitrag sein.

An dieser Stelle müsste eigentlich die ganze spannende Geschichte des Forum 3 mit den einzelnen Entwicklungsetappen, all den beteiligten Menschen und speziellen Ereignissen beschrieben werden und wie sie mit den jeweiligen gesellschaftspolitischen Vorgängen korrespondierte. Doch offensichtlich bin ich noch zu stark in den anhaltenden Arbeitsprozess einverwoben, so dass es mir schwerfällt, das Wesentliche mit einer gewissen Objektivität in Kürze herauszuarbeiten. Es ist mir noch zu nahe. So beschränke ich mich daher auf wenige Aspekte und einige ideelle Ausgangspunkte.

In mehreren Menschen unserer kleinen Gründungsgruppe erschöpfte sich die unternehmerische Kraft nicht mit der gemeinsamen Arbeit für das Forum 3. In diesen Jahren lebte – wie bei vielen anderen dieser Generation – der individuellen Begabung gemäß eine besondere Kraft des Zeitgeistes, welche auch nach der Forum-Gründung zu weiteren Initiativen impulsierte. Der Maler und Graphiker Karl-Heinz Flau begründete zum Beispiel das künstlerisch durchgestaltete »Atelier-Haus« in Ottersberg, Rüdiger Fischer-Dorp schuf mit Inga Gessinger zusammen das »Eurythmie-Studio« in Köngen, Gerd Waterstraat richtete aus seiner sozialen Impulsierung später die Stuttgarter Filiale der »Gemeinschaftsbank GLS für Leihen und Schenken« ein, und vieles andere mehr entstand.

So befanden wir uns mit unzähligen anderen Menschen in einer Art Aufbruchsstimmung, die dann erst Anfang der siebziger Jahre langsam verebbte und welche durch zahlreiche sozial engagierte junge Leute in eine Gründungswelle vieler kleinerer Unternehmungen einmündete. – War es jetzt der rechte Zeitpunkt, um das, was am Anfang des Jahrhunderts an fruchtbaren Impulsen auch auf wissenschaftlichem, pädagogischem, medizinischem und künstlerischem Feld veranlagt war, zu realisieren?

Rudolf Steiner hatte ja auf die Frage eines seiner Schüler 1919 darauf hingewiesen, dass es nach fünfzig Jahren – und damit verwies er anhand einer Karte, die er sich bringen ließ, auf das Gebiet der Tschechoslowakei – wieder möglich sein würde, mit einem solchen Impuls wie der sozialen Dreigliederung durchzudringen. In der Analyse der Ereignisse des Prager Frühlings meinten wir, darin genau jenen Impuls wieder zu erkennen, der sich aus den bitteren Erfahrungen in einem zentralistisch-sozialistisch gesteuerten Einheitsstaat geltend gemacht hatte. Und wir fanden die Grundgedanken der sozialen Dreigliederung nicht nur in den realen Bestrebungen, sondern in diversen Schriften auch wörtlich formuliert. Auch in den Tendenzen der Studentenbewegung fanden wir Impulse, die nach unserem Verständnis in eine ähnliche Richtung zielten, auch wenn sie nicht immer so formuliert wurden.

So sagte ich mir, dass es jetzt darauf ankomme, gemeinsam mit allen, die dafür Verständnis entwickelten, zunächst eben die ganze Kraft dafür einzusetzen, die gesamten *gesellschaftlichen* Verhältnisse so umzugestalten, dass damit auch der Boden bereitet würde, aus dem heraus sich dann alles andere an spiritualisierter Lebens-, Wissenschafts- und Wirtschaftsauffassung bis in die Erkenntnis des Menschen als geistiges Wesen hinein entfalten könnte, auch wenn der Boden dazu erst in vielen kleinen Einzelinitiativen vorbereitet werden müsse. Die Geisteswissenschaft zu einem befruchtenden Bestandteil der gesamten Kultur zu machen, wäre möglich, meinte ich, wenn es nur gelingen könnte, alles Verwalten und Gestalten in die Hände der Menschen zu legen, das heißt es aus der Vormachtstellung des Staates herauszunehmen und damit eine Entwicklung einzuleiten, in der konsequent auf die menschliche Gestaltungs- und Initiativkraft als Motor einer neuen Zukunftsentwicklung aufgebaut wird. Das Vertrauen auf die Entwicklungsfähigkeit des Menschen schien mir das Entscheidende zu sein. Alles andere würde sich daraus ergeben.

In dem Grundgesetz der Bundesrepublik war der Richtung nach genau jene Dreiheit auch *veranlagt* – die Entfaltung der freien Persönlichkeit, die Gleichberechtigung aller Initiativen und Institutionen wie auch die Brüderlichkeit, indem die Vergesellschaftung von Grund und Boden als Möglichkeit veranlagt war. Die ganze Kraft dafür einzusetzen, alle kulturellen Einrichtungen konsequent auf den Boden der Gleichheit zu stellen, wie es im Grundgesetz vorgesehen war, schien mir gerade jetzt an der Zeit zu sein, zumal dies auch elementar mit der ursprünglich von uns gefassten Idee einer freien öffentlichen Hochschule zusammenhing.

Ich wusste damals noch nicht, dass in dieser Zeit – also in den sechziger Jahren – in Amerika in einer viel undogmatischeren, an der Erfahrung orientierten Forschung gearbeitet wurde. Eine Vielzahl von Menschen hatte bereits ganz elementare Erkenntnisse über das geistige Wesen des Menschen und der Welt entwickelt und auch die Grunderkenntnisse der Reinkarnation, des Lebens vor der Geburt und des Weiterlebens nach dem Tode veröffentlicht. Hier in Europa waren wir in dieser Hinsicht um fünfzehn bis zwanzig Jahre zurück. Meine erst allmählich gewonnenen Erkenntnisse deckten sich insofern mit einem anderen Hinweis Rudolf Steiners: »Lassen Sie nur dreißig Jahre an unseren Hochschulen frei forschen und lehren, so werden die elementaren Erkenntnisse der Geisteswissenschaft von selbst entwickelt werden.« Dass diese Entwicklung in der westlichen Welt bereits im vollen Gange war, sollte mir erst später in den achtziger Jahren in seiner ganzen kulturbestimmenden Bedeutung klar werden. Doch der Impuls war auf jeden Fall untergründig wirksam.

Er drückte sich nicht nur im Protest, sondern auch in den vielfältigen, zum Teil bis in die spirituelle Dimension gehenden verschiedenen Strömungen der Studentenbewegung aus, mit der wir uns verbunden fühlten.

Versuche

So versuchten wir nun auch hier, mit einfachen Mitteln unseren Beitrag in die augenblickliche Situation einzubringen, denn noch bewegten uns auch die immer heftigeren Ereignisse des Vietnamkrieges. Unser Schauspieler- und Regiekollege Werner Lässer aus der Schweiz hatte gerade das Antikriegsstück *Höhe 493* verfasst, in dem zwei erschossene amerikanische Soldaten jenseits der Todesgrenzen nun als leibfreie Seelen auf den Kriegsschauplatz herunterschauten und aus einer anderen Sicht noch einmal durchlebten, was sie da getan hatten. Mit diesem Stück wollten wir durch die Schweiz auf Tournee gehen und anschließende Diskussionen bestreiten, um die politische und geistige Dimension des Vietnamkrieges bewusst zu machen. Wir hatten im Altbau des Hauses in der Gymnasiumstraße im Forum 3 auch einen kleinen Saal mit einer Bühne hergerichtet und waren mitten in den Proben.

Es war das Frühjahr 1970. Auf der Straße zogen tausende von Schülern im ersten Schülerstreik Baden-Württembergs mit Transparenten durch die Stadt, um für eine bessere Schulpolitik zu demonstrieren. Sie vertraten auf ihre Weise das, was an den Hochschulen schon zu einigen Reformen geführt hatte. Wilfried Heidt von der Universität Basel und Begründer des »Republikanischen Clubs« in Lörrach hatte das Modell-Konzept einer freien Hochschule entwickelt, das wir öffentlich propagierten. Er war gerade in Stuttgart und nahm mit uns gemeinsam an der Demonstration teil. Die Schlusskundgebung fand in einem Hörsaal der Universität im Stuttgarter Zentrum statt. Die teilnehmenden Schüler suchten einen Ort, von dem aus sie ihre weiteren Proteste organisieren konnten. So schrieben wir kurz entschlos-

1969:
Letzte Regie

sen an die große Hörsaaltafel »Treffpunkt Schülerstreik im FO-
RUM 3«. Kurze Zeit nach der Kundgebung ergoss sich ein Strom
von Schülern ins Forum und das Haus platzte aus allen Nähten,
so dass Werner Lässer und ich unsere Probenarbeit an dem Stück
Höhe 493 erst einmal unterbrechen mussten. So wurden wir
plötzlich in die Situation hineingeworfen, unsere zunächst nur
theoretisch gedachten Ideen für ein freies und selbst verwaltetes
Schulwesen konkret zu vertreten.

Durch diese Ereignisse entstanden wieder neue Schicksalsbeziehungen zu jungen Menschen, von denen viele gerade erst
sechzehn waren. Eine der Schülerinnen, welche sich damals für
unsere Ideen und Aktivitäten begeisterte, war Ingrid Lotze; sie
ist heute eine der verantwortlichen Mitarbeiterinnen des Forum3
und unsere Geschäftsführerin. Unzählige junge Leute strömten
seitdem durch das Haus und konnten hier ihre eigenen sozialen
Impulse und Ideen in vielfältigen oft turbulenten Diskussionen

122

und Gesprächsgruppen bewusst machen und austauschen. Auch Frank Berger, der heutige Leiter des Urachhaus-Verlages, gehörte dazu, so dass sich etwas anbahnte, das in späteren Jahren zu fruchtbarer Zusammenarbeit werden konnte. Aufgrund dieser und anderer Aktionen entwickelte sich das Haus mehr und mehr zu einem Jugend- und Kulturzentrum.

So mischte sich also in unsere Theaterproben die soziale Realität, die uns das nötige Feuer gab, um dann mit dem Stück auf Tournee zu gehen. Es sollte das letzte Mal sein, dass ich als Schauspieler auf einer Bühne stand. Als wir von der Tournee zurück kamen, war eine solche Fülle praktischer und sozialer Arbeit angefallen, dass ich auch meine anfängliche Schauspielausbildung für junge Leute nicht weiterführen konnte. Stattdessen arbeitete ich mit unserer Gruppe die Schriften mit den *sozialwissenschaftlichen Grundgedanken* und auch die Anregungen durch, welche Rudolf Steiner im sogenannten *Rednerkurs* gegeben hatte. – Nur ein paar Mal konnte ich meine schauspielerischen Fähigkeiten noch auf der Straße einsetzen, da meine Frau, welche nicht mehr nur die Kasse verwaltete und die Teestube managte, mit einer Frauengruppe als Protest gegen den Bau des AKW Neckarwestheim mit uns dramatische Szenen einstudierte, um damit durch die Gegend zu ziehen und Unterschriften für eine Volksabstimmung über den Bau von Atomkraftwerken zu sammeln. Denn auch hier schien uns der Protest dringend vonnöten, weil wir zu der Anschauung gelangt waren, dass die vorgeblich »friedliche Nutzung der Atomenergie« noch viel größere Gefahren und unlösbare Probleme einschließlich sozialer Konflikte mit sich bringen würde. Erst der schwere Atomunfall von Tschernobyl sollte 14 Jahre später den wahren menschenverachtenden und grausamen Charakter dieser Energie der Menschheit vor Augen führen. – So zogen wir also damals, von Ahnungen getrieben, trommelnd durch die umgebenden Orte von Stuttgart, stürzten am Schluss der gespielten Szenen den Tod demonstrierend aufs Pflaster und sammelten anschließend Unterschriften. Das war eine der Aktionen, die wir vom Forum 3 aus starteten.

So wurde im Laufe der Zeit im Wesentlichen die Geschichte des Forum 3 auch meine Geschichte. Gemeinsam mit meiner Frau hatte ich mich mit ganzer Kraft in die Arbeit und die gestellten Aufgaben hineingeworfen, und es war eine ganze Reihe vor allem sozial engagierter junger Leute, die zu der Gründungsgruppe dazustießen und wie selbstverständlich ihre Arbeitskraft und Ideen mit einbrachten.

Unser Arbeitstag, der in der Regel um zehn Uhr begann, endete meist um zwölf Uhr nachts und die Woche hatte sieben Tage! – Wenn ich zu meiner Vorbereitung einen der zahlreichen Vorträge, die Rudolf Steiner am Anfang des Jahrhunderts zu den vielfältigen sozialpolitischen und gesellschaftlichen Themen gehalten hatte, durcharbeitete, so staunte ich immer wieder über die Aktualität der dort formulierten Erkenntnisse und war verblüfft über die Treffsicherheit seiner Zukunftsprognosen, sowohl die Bewusstseinsentwicklung als auch die gesellschaftliche Realität des 20. Jahrhunderts betreffend, welches zu seiner Zeit ja gerade erst begonnen hatte. Gewisse äußere Bedingungen hatten sich seitdem zwar radikal verändert, aber die Ursachen der sozialen Problematik, die nicht zuletzt auch zum Zweiten Weltkrieg und seinen verheerenden Folgen geführt hatte, waren geblieben. Die Symptome hatten sich – wie gesagt – noch verschärft.

In unzähligen Gesprächen, die wir bei diesen Diskussionen und Aktionen führten, kamen uns, insbesondere von jungen Leuten, immer wieder dieselben Hoffnungen und Grundforderungen nach einer Neugestaltung der gesellschaftlichen Verhältnisse entgegen. Und je mehr wir uns mit unserer Arbeit besonders auf die lokalen Gegebenheiten konzentrierten, wurde uns deutlich, dass unsere Arbeit ganz konkret den Menschen dieser Stadt galt. Und so waren es insbesondere die Jugendlichen, Schüler, Lehrlinge, Studenten, die sich täglich zu den verschiedenen Veranstaltungen bei uns einfanden und sich an unserer Arbeit beteiligten.

Soziale Ideen in der Praxis

In der Zwischenzeit waren unsere Ersparnisse, mit denen wir uns finanzierten, zu Ende gegangen, und auch das Arbeitsamt war nicht länger bereit, diese frei gewählte Tätigkeit mitzufinanzieren. Wir hatten jedoch den Eindruck, dass der Wert unserer Arbeit durchaus vergleichbar war mit der Leistung, die in ähnlichen Einrichtungen der Stadt Stuttgart erbracht wurde. Da wir ein ausgesprochenes Rechtsbewusstsein entwickelt hatten, kamen wir zu der Anschauung, dass diese Arbeit somit auch aus öffentlichen Mitteln mitfinanziert werden müsste. Wir hatten ein akribisches Arbeitstagebuch geführt, und so marschierten wir eines Tages zum Jugendamt der Stadt Stuttgart mit dem Ansinnen, für gleiche Leistung auch gleiche Bezahlung zu erhalten, da wir ja konkret für die Menschen dieser Stadt arbeiteten.

Wir fanden mit unseren Darstellungen über unsere Arbeit nicht nur erstaunlich viel Verständnis, sondern lernten Mitarbeiter kennen, von denen einige selbst gerne eine so unabhängige unternehmerische Jugendarbeit gemacht hätten. Das führte nach einiger Zeit dazu, dass ein städtischer Beschluss gefasst wurde, aufgrund dessen wir zwar nicht den gesamten geforderten Betrag, jedoch 50 Prozent davon, gemessen an unseren Eigenleistungen – die anhand der unentgeltlich geleisteten Arbeitsstunden zu einem bestimmten Betrag berechnet wurden –, als ersten öffentlichen Zuschuss bekamen. Aus dieser städtischen Regelung entwickelte sich eine Art »Lex Forum«, die dann auch für ähnliche neu begründete Einrichtungen der Jugendarbeit modellhaft angewendet wurde.

Durch diese Förderung war es möglich, die Arbeit allmählich auf eine solidere und kontinuierlichere Basis zu stellen, so dass im Laufe der Zeit ein immer breiteres Angebot verschiedenster Aktivitäten entwickelt werden konnte. Zunächst waren es hauptsächlich gesellschaftspolitisch und sozial orientierte Kurse, Gesprächsgruppen und Aktivitäten, dann immer mehr philosophische, psychologische, pädagogische sowie allgemein-anthroposophische Kurse. Später kamen auch handwerkliche und

» Voll im Trend«
Aktionstage 1973

künstlerische Tätigkeitsmöglichkeiten hinzu, welche vor allem immer dem Ziel dienen sollten, soziale Fähigkeiten auszubilden. Denn das erschien uns immer mehr als wesentliche Grundfähigkeit nötig zu sein, um auch gesamtgesellschaftlich mitgestaltend und verändernd tätig sein zu können.

Was die Form der Zusammenarbeit betraf, ergaben sich allerdings nach einiger Zeit bestimmte Probleme. Alles war am Anfang auf die persönliche Initiativkraft aufgebaut, jeder ging den Ideen nach, die ihm am nächsten lagen. Jeder fühlte sich auch gleichberechtigt. So waren die anfänglichen Besprechungen von einem starken brüderlichen Miteinander getragen, eingebettet in die wunderbare Wärme der unmittelbaren Menschenbegegnung. Jeder tat, was seinen Fähigkeiten und Möglichkeiten entsprach. Nur wir zwei Gründungsmitglieder, meine Frau und ich, hatten uns fest verpflichtet, unsere Kraft ganz für die tägliche Arbeit einzusetzen, während andere sich häufig nur an einigen Abenden beteiligen konnten.

Einmal pro Woche trafen sich alle, die in irgendeiner Form mitarbeiteten, zu einer Besprechung, in der dann auch alle praktischen, menschlichen und ideellen Probleme besprochen wurden.

In dieser Zeit der »Pionierphase« hatten wir bei aller Spontaneität das Ideal, alles gemeinsam zu planen und zu beschließen; alles sollte von jedem mitgetragen werden nach dem Motto: »Jeder muss alles wissen, alles mitplanen und mittun.« Für den gemeinsamen Anfang war dieses Vorgehen außerordentlich wichtig, denn es gab eine breite menschliche Ausgangslage. Im Laufe des zweiten Jahres war der Umfang der Initiativen jedoch derart stark angewachsen, dass die Fülle der verschiedenartigen Arbeitsaufgaben den Rahmen dieses einen Besprechungsorgans sprengte. Inhaltliche, handwerkliche, organisatorische, rechtliche und sonstige Fragen mussten nach dem Prinzip der Gemeinsamkeit gleichzeitig geklärt und geschafft werden, so dass wir nach jeder Besprechung dann selbst »geschafft« waren. Wir erlebten all dies immer stärker als nervenaufreibend und unökonomisch.

So kamen wir im Laufe der Entwicklung zur Einsicht, dass auch Forum-Mitarbeiter nur ein bestimmtes Maß an Kraft haben. Wir mussten uns sagen: »Wir können alles tun, was wir können; aber wir müssen alles lassen, was wir nicht können.« Da sind unsere Grenzen. Ich sagte mir: Wenn jeder Mensch mit seiner Gedankenkraft, mit seinem Rechtsgefühl und auch mit seinen Tatimpulsen im sozialen Miteinander zur Geltung kommen soll, so muss also auch die Form der Zusammenarbeit dieser Dreiheit entsprechen. Darin bestand ja für uns auch die angestrebte dreigliedrige Demokratie, welche das Selbstverwaltungsprinzip zur elementaren Grundlage hatte.

Wir hatten zwar eingesehen, dass eine gesamtgesellschaftliche Neugestaltung zu diesem Zeitpunkt nicht zu erreichen war. Aber warum sollte eine solche soziale Ordnung mit menschlichem Antlitz nicht in einer betrieblichen Dimension zu realisieren sein, um von da aus die individuellen schöpferischen Kräfte jedes einzelnen Menschen auch wieder im Gesamtgesellschaftlichen geltend machen zu können?

Was ich zunächst als geisteswissenschaftlich begründetes Entwicklungsgesetz kennen lernte, schien mir nun in vielen Zusammenhängen und durch menschliche Begegnungen in der sozialen Praxis beobachtbar zu werden: Hinter der Sehnsucht nach gesellschaftlicher Neugestaltung machte sich in der Tat eine Art »sozialer dreigliedriger Instinkt« geltend, aus dem heraus jeder sich auf der einen Ebene eigenständig als *denkender* Mensch betätigen und auf einer zweiten mit anderen Menschen aus einem tiefen *Rechtsgefühl* sich unmittelbar verständigen kann, um auf einer dritten seine Willenskraft sinnvoll in einen *Arbeitszusammenhang* einzubringen. Dass jeder Mensch zusammen mit der Menschheit an einem Entwicklungspunkt angelangt war, an dem er für seine Persönlichkeitsentfaltung darauf angewiesen war, diese Dreiheit auch im sozialen Leben als eine Art Grundordnung vorzufinden, war meine tiefe Überzeugung. Ich fand das in dem Hinweis Rudolf Steiners auf die Tatsache zum Ausdruck gebracht, dass die Menschheit dabei sei, »eine Schwelle zu überschreiten«, wenn sie, wenn auch unbewusst, in eine heilsame, konstruktive Zukunft eintreten wolle.

Die folgenden Gedanken im Hinblick auf den genannten »dreigliedrigen Instinkt« gaben mir auch für die Strukturierung unserer betrieblichen Zusammenarbeit eine wichtige Orientierung. »Was im Menschen zusammenwirkt im Denken, Fühlen und Wollen, das nimmt in der Zukunft einen getrennten Charakter an, macht sich auf verschiedenen Feldern geltend. Wir sind eben dabei, dass die Menschheit ein bedeutungsvolles Tor unbewusst durchschreitet, das die Seherkraft sehr gut wahrnehmen kann. Die Menschheit macht dieses Überschreiten der Schwelle so durch, dass die Gebiete des Denkens, Fühlens und Wollens auseinandergehen. Das aber legt uns Verpflichtungen auf, die Verpflichtung, das äußere Leben so zu gestalten, dass der Mensch diesen Umschwung seines inneren auch im äußeren Leben durchmachen kann. Indem das Denken im Leben der Menschheit selbstständiger wird, müssen wir einen Boden begründen, auf dem das Denken zu gesunder Auswirkung kommen kann, müssen weiter einen Boden schaffen, auf dem das Fühlen selbstständig zur Ausbildung kommen kann, und auch einen Boden, auf dem das Wollen zur besonderen Ausbildung kommen kann. Was bisher chaotisch im öffentlichen Leben durcheinanderwirkte, müssen wir jetzt in drei Gebiete gliedern. Diese drei Gebiete im öffentlichen Leben sind: das Wirtschaftsleben, das staatliche oder Rechtsleben und das Kulturleben oder geistige Leben. Diese Forderung der Dreigliederung hängt mit dem Geheimnis der Menschheitswerdung in diesem Zeitalter zusammen.«[*] Ich war mir bewusst, dass damit ein großer, ja gewaltiger Gedanke ausgesprochen wurde, wie hier der einzelne, kleine Mensch mit dem großen Weltgeschehen in einen unmittelbaren Zusammenhang gebracht wird. War nicht gerade das die Lösung, die täglich praktische Arbeit aus den großen geistigen Zukunftsperspektiven zu gestalten?

Wenn eine solche gesamtsoziale Ordnung gesundend auf den Menschen wirkt und seine Persönlichkeitsentwicklung im schöpferischen Sinne fördert, warum sollten wir nicht auch eine entsprechende betriebliche Struktur miteinander entwickeln, welche sowohl flexibel als auch konstruktiv wirkt, sagte ich mir, die aber eben auch gleichzeitig gesundend auf den einzelnen Mitarbeiter zurückwirkt. Aus den gemachten Erfahrungen heraus organisierten wir nun gemeinsam drei verschiedene Besprechungsorgane, in denen einmal alle geistigen, zweitens alle rechtlich-organisatorischen und drittens alle praktischen Arbeitsaufgaben gesondert besprochen und koordiniert wurden. Dieses hatte tatsächlich eine unmittelbar erfahrbare ordnende und heilsame Wirkung auf uns. Diese Arbeits- und Verantwortungsteilung erwies sich in der Praxis als ökonomisch und auch in der Zukunft als entwicklungsfähig. Wir hatten auf diese Weise eine soziale Struktur unserer Selbstverwaltung mit drei verschiedenen Koordinations- und Drehpunkten geschaffen.

In mehreren Kursen hatten wir darüber hinaus mit Mitarbeitern des »Niederländisch Pädagogischen Institutes« eine Gesprächsführung erlernt, die sich ebenfalls an diesen drei Seelenkräften der menschlichen Persönlichkeit orientierten. Sie war aus den Grundlagen des individuellen geistigen Schulungsweges heraus entstanden, den jeder Mensch für sich gehen konnte, und hatte in der sozialen Praxis auch außerordentlich gute Rückwirkungen auf den einzelnen Menschen im Umgang mit sich selbst und mit dem Part-

[*] Rudolf Steiner, 19.9.1919, GA 193.

ner. Indem während eines Gesprächsverlaufes jeder Teilnehmer eines Projektgespräches sich bemühte, zwischen seinen Gedanken, Gefühlen und Willensimpulsen zu unterscheiden, wurde er dadurch ständig zu konkreter Selbsterkenntnis und damit zur Stärkung seiner inneren Persönlichkeitskräfte angeregt.

Dieser Schritt, den wir hier als betriebliche Arbeitsgemeinschaft vollzogen, entsprach allerdings einer Entwicklung, die sich auch als Bedürfnis bei vielen anderen Menschen beobachten ließ: Waren die auslaufenden sechziger Jahre noch ganz stark von dem Interesse an Diskussionen geprägt und am allgemeinen Meinungsaustausch, so wurde jetzt immer häufiger ausgesprochen: »Nicht mehr so viel reden, sondern etwas ganz Konkretes arbeiten und etwas tun, was mich als einzelnen Menschen vorwärts bringt.« Es rückte das Interesse an psychologischen, pädagogischen, ja auch philosophischen Fragen, welche den *einzelnen* Menschen und den Sinn des Lebens betrafen, immer stärker in den Vordergrund. Einerseits war es unser Interesse, modellhaft Formen der sozialen Zusammenarbeit zu entwickeln und auch zu verbreiten, andererseits nahmen wir sehr wach die sich wandelnden Interessen und Bedürfnisse der jüngeren Menschen zur Kenntnis, nach dem Motto: »Wir müssen uns von den Menschen diktieren lassen, was wir tun.« Mit unseren Aktivitäten und Angeboten versuchten wir, den sich wandelnden Bedürfnissen der Menschen zu entsprechen. Das hatte aber die Folge, dass wir uns selber wandeln mussten.

Im Laufe der siebziger Jahre begann sich die soziale Bewegung, die hauptsächlich von der Jugend getragen war, in zwei Richtungen aufzuspalten. Die eine führte zu einer politischen Radikalisierung, die andere führte auf die Suche nach einer vertieften spirituellen Lebensauffassung, ja ganz konkret nach spirituellen Erfahrungen. Die Folge davon war, dass auch um uns herum eine ganze Reihe von östlich orientierten Meditationsbewegungen und -gruppen entstanden. – Hatten wir als Mitteleuropäer zu dieser Richtung etwas beizutragen? Ganz konkret trat die Frage an mich heran, was auf diesem Gebiet durch die anthroposopische Geisteswissenschaft beigetragen werden kann.

Geisteswissenschaftliche Arbeit

1976 hatte ich angefangen, eine regelmäßige Einführung in die geisteswissenschaftliche Menschenkunde durch Kurse anhand des Buches *Theosophie* anzubieten und veranstaltete eine öffentliche Vortragsreihe über aktuelle spirituelle Themen. Öffentlich über das »Das geistige Wesen des Menschen«, »Das Leben nach dem Tod«, »Reinkarnation und Karma« zu sprechen, war sieben Jahre zuvor noch nicht möglich gewesen. Doch die Fragen vieler junger Leute hatten sich stark geändert.

Allein, die Vermittlung spiritueller Inhalte in Form von Gedanken war mit der Zeit für viele nicht mehr ausreichend. Sie suchten einen Weg zu eigenen Erfahrungen.

Wo waren nun die Lehrer, die auf diese Aufgabe vorbereitet waren? Letzten Endes musste ich mich selbst prüfen, ob ich aufgrund meiner eigenen meditativen Praxis schon genügend Kompetenz hätte. Die umfangreichen anthroposophischen Schriften konnten dabei eine elementare Orientierung sein, aber den sicheren Boden konnte ich nur in mir selbst finden. So begann ich schließlich mit einem Kurs über Meditation. Am ersten Abend dieses Kurses zeigte sich ein starkes Interesse, und da wir in diesem Hause zunächst als sozial engagierte Menschen bekannt waren, war die Teilnehmerschaft auch recht gemischt und es lag eine gewisse Spannung in der Luft. Nach meinen Ausführungen über das Buch *Wie erlangt man Erkenntnisse der höheren Welten?*, das mich durch viele Jahre persönlich begleitet hat und mit dessen Übungen ich vertraut war, sprach mich am Schluss des Kurses eine junge Frau, die gerade aus Dornach gekommen war, an und sagte: »Über Meditation soll man nicht sprechen, Meditation soll man tun!« Es war ein seltsam intensiver Augenblick, da ich dieser jungen Frau gegenüberstand und mir der Bedeutung dieser Aussage bewusst wurde, zumindest so, wie ich sie unmittelbar verstand. Am nächsten Kursabend ging ich dazu über, die Gruppe an einem meditativen Vorgang, den ich selbst vollzog, teilnehmen zu lassen, so dass wir anhand eines Mantrams einen gemeinsamen meditativen Erlebnisweg durchliefen.

Das Bedürfnis nach *Erfahrung* auf einem konkreten geistigen Übungsweg, den man *gemeinsam* beschreiten konnte, sollte in den nächsten Jahren immer stärker werden und es bildeten sich auch an vielen Orten Gruppen um Meditationslehrer, die die verschiedenen geistigen Strömungen vertraten. Doch leider waren, wie gesagt, aus der geisteswissenschaftlichen Bewegung wenig Menschen hervorgegangen, die diesem Bedürfnis entgegenkommen konnten. Das Forum 3 war offensichtlich einer der wenigen Orte, an denen eine solche Arbeit stattfand.

Der Bauimpuls

Die Fruchtbarkeit unserer Arbeit und die Vielfalt des Angebotes hatten dazu geführt, dass wir bereits nach zwei Jahren ein so volles Haus hatten, dass wir mit der Unterstützung des Jugendamtes und der Presse den geplanten Abbruch des Hauses verhindern konnten. Nur eine Hälfte des ursprünglichen Doppelhauses fiel der Straßenerweiterung zum Opfer. Dank der zunehmenden Aktivitäten war es 1978 soweit, dass wir sämtliche Räume des Hauses gemietet, belegt und genutzt hatten. Ein kleines Nebengebäude, in dem ein Sarglager untergebracht war, mieteten wir noch hinzu mit dem Motto: Särge raus, Jugend rein! Auch der letzte Kellerraum war mit Gruppen belegt.

1979 entstand eine entscheidende Frage hinsichtlich der weiteren Zukunft. Von Seiten der Stadt kam die Erwägung, das Forum 3 vielleicht an einen anderen Ort zu verlegen, um an dieser Stelle des nur gemieteten Altbaues einschließlich zweier benachbarter Baulücken ein Parkhaus aufzubauen. An uns selbst wurde aber alternativ die spannende Frage gestellt: Wären wir vielleicht selbst in der Lage, einen Erweiterungsbau um den Altbau herum zu erstellen? Wir besaßen jedoch keine müde Mark, denn neben außerordentlich knappen Gehältern konnten wir gerade die dringendsten Betriebskosten decken.

Im Herbst 1979 hatten wir Erhard Fucke – der in steter Beharrlichkeit schon eine ganze Reihe bemerkenswerter Initiativen ins

Leben gerufen und gefördert hatte – nach Stuttgart zu einem Mitarbeiter-Seminar eingeladen. Am Ende dieses Seminars ermunterte er uns, die Frage mit dem Erweiterungsbau ernsthaft zu untersuchen. Auch er vertrat die Anschauung: »Wo fruchtbare Ideen sind, kommt auch das Geld.« Das hatte auch schon einmal Ernst Barkhoff, der Begründer der GLS-Gemeinschaftsbank, zu uns gesagt, als wir noch ganz am Anfang unserer Arbeit standen. Doch nun gab das den Anstoß, dass ich mich sofort mit unserem befreundeten Architekten Werner Seyfert in Verbindung setzte und ihn bat, eine Bauskizze anzufertigen, mit deren Hilfe wir einen ersten Vorstoß bei der Stadt machen könnten. Schnell entschlossenes Handeln war immer unsere Stärke gewesen. Doch woher kam der Mut, ein solches Millionending ohne jegliche Finanzgrundlage anzugehen?

Ich hatte seit den Erfahrungen meiner Jugend nicht nur die Empfindung, dass es eine geistige Welt gibt, sondern dass sie auch um uns herum ist, alles Geschehen auf der Erde begleitet und uns zur rechten Zeit auch impulsiert. Die Sicherheit, die ich in dieser Sache hatte, gab mir nicht nur das Gefühl, mir könne nichts geschehen. Ja selbst der Verlust äußerer Dinge würde mir nichts anhaben können, denn ich könnte ja, wenn alles Äußere verloren geht, auch »am Straßengraben sitzen und meditieren«. Auf jeden Fall fühlte ich mich ganz im Strom der Zeit. Das war ein tragendes Grundgefühl: Indem ich die soziale Entwicklung verfolgte, hatte ich immer den Eindruck, in ihr spiegele sich nicht nur die Entwicklung des menschlichen Bewusstseins, sondern auch die Entwicklung der geistigen Welt. In diesem Jahr 1979 hatte ich nun das Gefühl, mit diesem Jahr sei tatsächlich eine Entwicklungsmöglichkeit zu ihrem Ende gekommen und ganz andere Dinge, die sich im Untergrund vorbereitet hatten, machten sich jetzt sozial geltend. Es war ein Zeitraum von hundert Jahren abgelaufen, der nach geisteswissenschaftlicher Auffassung mit dem Antritt der Herrschaft des Zeitgeistes Michael 1879 begonnen hatte. Und dieses Jahr 1979 zeigte sich eigenartigerweise als ein politisches Krisenjahr. Auch öffentliche Gelder wurden knap-

1983, Die 12 Mitarbeiter vor dem Goetheanum in Dornach

per, und ich war fest davon überzeugt: Wenn wir an diesem Ort mit unserer Arbeit wenigstens bis zum Jahrtausendende überleben wollten, mussten wir im letzten Augenblick die Chance nutzen und bauen, um unserer Aufgabe treu bleiben zu können.

Schon 1971 hatten wir durch die Bekanntschaft mit den unermüdlichen Aktionisten für soziale Dreigliederung Wilfried Heidt, Peter Schilinsky, Jutta und Friedrich Lauer in regelmäßigen Wochenendfahrten geholfen, das »Internationale Kulturzentrum Achberg« am Bodensee mit aufzubauen, was ein überregionaler Treffpunkt für sozial engagierte Gruppen werden sollte.

Mit Friedrich und Jutta Lauer, die gerade eine kleine Stiftung begründet hatten, verband uns eine herzliche Freundschaft. Mit der dringlichen Frage nach der Zukunft unseres Hauses und einem möglichen Neubau konfrontiert, rief ich eines Morgens Friedrich Lauer an, denn ich wusste, wenn es gelingen sollte, mussten wir schnell handeln. Also fragte ich ihn: »Kannst du uns eine halbe Million zur Verfügung stellen?« Es gab zunächst eine lange Pause am anderen Ende der Leitung. Dann sagte er: »Ich muss mir das überlegen.« Doch bald kam seine Antwort: Dreihunderttausend würde er im Lauf der Zeit als Schenkung zur Verfügung stellen und auf dieses Schenkungsversprechen könnten wir einen Kredit aufnehmen. Es war seine Art, schnell und entschieden Entschlüsse zu fassen, wenn er helfen wollte. Durch ihn bekam ich auch weitere entscheidende Hinweise und Hilfen für unser weiteres Vorgehen.

Mit diesem Schenkungsversprechen über dreihunderttausend Mark und einer Bauskizze machten wir nun den ersten Vorstoß bei der Stadt. Das Projekt war auf sechs Millionen veranschlagt. Wir trafen auf wohlwollendes Verständnis, aber die Antwort von Oberbürgermeister Manfred Rommel war: »Wenn Ihr in vier Wochen eine Million Mark zusammenhabt, dann glauben wir, dass Ihr auch fähig seid, selber zu bauen! – Machen Sie Ihre Schularbeiten«, war sein letztes Wort zu mir. Es war ein Stück harte Arbeit, die nun neben allen weiterlaufenden Tätigkeiten von uns zu leisten war. Aber das Wunder gelang. Nach knapp zwei Jahren, von der ersten Idee angefangen, hatten wir Mitte 1981 nicht nur die Zusagen von Spenden und Zuschüssen über sechs Millionen Mark in der Tasche, sondern auch die Baugenehmigung, auch wenn die Pläne selbst noch nicht völlig fertig waren. Baufirma und Architekt arbeiteten förmlich um die Wette: Alles hatte äußerstes Tempo, denn immer war da das Gefühl: Die Ereignisse des Jahrhundertendes nahen mit Riesenschritten und wir haben nicht viel Zeit.

Bevor jedoch mit dem ersten Spatenstich begonnen werden konnte, musste auch noch die endgültige Entscheidung getroffen werden, ob wir uns gemeinsam als Mitarbeiterschaft tatsächlich mit der Bautätigkeit belasten sollten, denn unsere ganze Jugend- und Kulturarbeit musste selbstverständlich wegen unserer Besucher und aus rein existenziellen Gründen uneingeschränkt weitergehen!

Zu diesem Zeitpunkt war die Gruppe der größtenteils jungen »festen Mitarbeiter« auf insgesamt zwölf angewachsen, wobei zwei darunter gerade erst ihr Praktikum absolviert hatten. Wir wussten, dass Bautätigkeit mit den nötigen Entscheidungsprozessen und entsprechenden praktischen Anforderungen alle persönlichen Kräfte und Eigenschaften der betroffenen Menschen aufs Äußerste fordern und auch bis zur Zerreißprobe zur Erscheinung bringen würden. Konnte die Gruppe diese Belastung überstehen und nicht daran auseinanderbrechen?

Nun hatte in den vergangenen Jahren eine intensive gemeinsame geisteswissenschaftliche Arbeit stattgefunden, durch welche wir auch zu einer tieferen gegenseitigen Erkenntnis und Begegnung auf menschlicher Ebene gefunden hatten. Wir arbeiteten zwar in einer gut funktionierenden dreigliedrigen Betriebsstruktur zusammen, waren aber darüber hinaus zu einer Art Schicksalsgemeinschaft geworden, in der jeder wusste, wie er sich auf den anderen verlassen konnte. Dass dieses Vertrauensverhältnis zueinander entstanden ist, verdanken wir einerseits den jungen Mitarbeitern und ihrer totalen und rückhaltlosen Bereitschaft, sich auf diesen Ort und aufeinander einzulassen, sowie ihren nicht unbeträchtlichen persönlichen Begabungen; andererseits der Fähigkeit meiner Frau, die menschlich-individuellen Eigenschaften gut zu erkennen und sie für die Praxis fruchtbar zu machen. Es zeigte sich hier bei ihr wieder einmal ihre sozialkünstlerische Gestaltungsfähigkeit, die uns alle inspirierte.

Anlässlich der Geburtstage der Mitarbeiter versuchten wir zum Beispiel gemeinsam, die augenblickliche biographische Lebenssituation des jeweiligen Menschen in ein imaginatives Bild zu fassen und es in dramatischen Szenen mit ihm gemeinsam an seinem Geburtstag im Haus oder in der Natur so umzusetzen, dass er sich selbst in diesen imaginativen Szenen wiederfinden konnte. Diese »Geburtstagsrituale« trugen mit dazu bei, dass wir als Gemeinschaft eine Kraft fanden, die über die Summe der Kräfte der Einzelnen hinausging. Aus dieser Grundstimmung fassten wir den Entschluss zu bauen.

Neben der unvermindert fortlaufenden Kurs- und Vortragstätigkeit übernahm ich nun selbst von unserer Seite die Baubetreuung. Am 20. Oktober 1981 war die Grundsteinlegung, auf die die Mitarbeiter sich geistig intensiv vorbereitet hatten. Jeder hatte die Aufgabe, noch einmal das persönliche Motiv seiner Mitarbeit in diesem Haus und dem Gesamtprojekt gegenüber zu formulieren, so dass wir zwölf sehr persönlich formulierte Grundsteinsprüche hervorbrachten, die aber einen harmonisch sich ergänzenden Zusammenhang ergaben. Ich fasste mein eigenes Motiv noch einmal in den Worten zusammen: »Mögen in diesem Bau viele Menschen Kraft finden, sich in ihrem innersten Kern zu ergreifen und zu wandeln, um nach dem Urbild des Menschen die Welt zu gestalten.« Außer anderen Urkunden wurden noch zwei grundlegende Schriften in den pentagondodekaedrischen Kupferbehälter eingesiegelt; es waren meine beiden ersten, intensiv durchgearbeiteten und mit Kommentaren versehenen anthroposophischen Bücher *Die Kernpunkte der sozialen Frage* und *Die Geheimwissenschaft im Umriss*. Noch einmal machte ich mir klar und sprach es bei der Feier aus, dass dieses Haus der unmittelbaren Zukunft dienen sollte: Ich hatte vor Augen, wie die Seelenkräfte des Gegenwartsmenschen umkämpft und gefährdet sind, da die früher instinktiv wirkende Persönlichkeitskraft sein Denken, Fühlen und Wollen nicht mehr unbewusst in einen harmonischen Zusammenhang bringt, sondern dass der Mensch vor der Aufgabe steht, das Bild seiner dreigliedrigen Persönlichkeit bewusst aufzubauen. In dem Zukunftsbild, das sich mir darstellte, sah ich gewaltige Kräfte, die den Menschen zu zerreißen drohten: das Haupt in ein riesiges, unentrinnbares Informationsnetz eingespannt und zum Träger fremder Gedanken gemacht, den Willen und die Arbeitskraft seiner Hände als einen Teil eines gewaltigen Maschinenwesens, zu dem die Erde sich zu entwickeln schien. Denken und Wollen »nützlich« gemacht, das Herz als Zentrum menschlichen Fühlens sich selbst überlassen und ausgehöhlt durch stets sich steigernde Sensationen. So sah ich die Selbstbestimmungsfähigkeit des Menschen im höchsten Maße bedroht. Doch gerade angesichts dieser Gefährdung empfand ich den Einsatz für eine entwicklungsfähige Zukunft, welche durch den schöpferischen und initiativen Menschen selbst bestimmt und gestaltet wird, als dringlich und als selbstverständliche Aufgabe. Mit dem Erweiterungsbau sollte eben dafür ein Ort geschaffen werden.

Bereits ein Jahr später im November 1982 konnten wir die Einweihung des fast fertigen Baues feiern. Bis dahin setzten wir unbeirrt unsere Arbeit in dem Altbau fort, welcher integriert werden sollte. Mitten im Baulärm entwickelten wir gleichzeitig notwendige Detailzeichnungen als Ergänzung zu den erst teilweise fertigen Plänen des Architekten, während die Arbeiten am Rohbau schon begonnen hatten. Und kaum standen die Betonmauern der ersten Stockwerke und waren ausgeschalt, standen wir schon mit Pinsel und Farbeimer in der Hand, um bereits Wände anzustreichen. Die verschiedenen Räume des Baues boten in ihrem rohen, unfertigen Zustand sogar oft die geeignete fantasieanregende Atmosphäre für unsere rituellen Geburtstagsfeiern. Alles hatte einen recht archaischen Charakter.

In der Zwischenzeit war mein Vater gestorben, welcher für mich immer eine Art geistiger Pate dieses Hauses gewesen ist, da er ja noch von Rudolf Steiner selbst die Ideen und Impulse empfangen hatte, um sich für eine geistige und gesellschaftliche Neugestaltung einzusetzen. In diesem Sinne war er seinerseits tief mit der Begründung dieses Hauses verbunden. – Wenn ich heute auf dieses halbe Jahr, von seinem Todestag am 22. März bis November 1982, zurückschaue, erscheint es mir fast wie ein Wunder, dass ich die Fülle der Aufgaben gemeinsam mit meinen hochmotivierten Mitarbeitern und einer großen Zahl engagierter junger Leute bewältigen konnte. Mein Einsatz begann morgens auf dem Bau, ging am

Mein Vater, 1981

Nachmittag weiter mit Besprechungen, Konferenzen, und am Abend folgten Vorträge, Referate und Seminare. Anschließend saß ich meistens bis zwölf Uhr nachts und ordnete in der Wohnung meines Vaters seinen Nachlass. Gerade da erlebte ich das Wunderbare, dass seine geistige Gegenwart, die ich während dieser ganzen Zeit empfand, indem ich mich noch einmal anhand seiner Schriften und Hinterlassenschaften mit seinem Leben beschäftigte, mir zusätzliche Kraft gab, so dass ich den seltsamen Gedanken fasste: Sein Tod war auch ein letztes Geschenk für mich und uns.

Während der Zeit des Planens und Bauens war ich in eine Tätigkeit hineingekommen, von der ich den Eindruck hatte: Damit bin ich ganz vertraut, das kann ich! Doch woher? Von jeher hatte ich ein gutes Gefühl für Techniken, Formen und Materialien. Zeichnungen gingen mir leicht von der Hand. Auf jeden Fall kam mir jetzt die Tatsache zugute, dass ich in meiner Lehrzeit schon einmal eine kleine elektrotechnische Fabrik und auch die Bühne des Kammertheaters in Karlsruhe mit aufgebaut hatte. Tief innen hatte ich dieses Gefühl: Bauen ist nichts Neues für mich, das kenne ich schon, so dass ich mit Leichtigkeit damit umgehen und

Das Forum 3, Stuttgart, 1999

1982:
Nach der
Einweihung
des neuen
Forum Baues

mich am Ende dennoch wieder gerne und ganz meinen sozialen und pädagogischen Aufgaben zuwenden konnte. Während ich selber einerseits die technisch-praktischen Aufgaben, andererseits die sozialen und geistigen mir zum Anliegen gemacht hatte und meine Frau weiterhin intensiv die Gemeinschaftsbildung unter den Mitarbeitern und die Mitarbeiterschulung betrieb, gelang es uns durch die ganze Bauzeit hindurch, Stück für Stück das erweiterte Haus mit neuem Elan zu ergreifen, einschließlich dem neuen Theater, zu dessen Innengestaltung wir uns vom Shakespeare-Theater in Stratford hatten anregen lassen.

Für die letzte Etappe in diesem Jahrhundert und die Vorbereitung auf das nächste hatten wir eine solide materielle Grundlage geschaffen. Sollte sie sich als brauchbar erweisen, um allmählich in neue geistige Dimensionen vorzustoßen?

Der Paradigmenwechsel

Neben meiner Tätigkeit in Gesprächsgruppen, Seminaren, Vorträgen und vielen hundert Gesprächen, die sich immer daran anschlossen, war für mich das ganze Forum 3 zugleich eine Art Forschungsinstrument geworden. Die Menschen, die zu uns kamen, nahmen nicht nur passiv an den Veranstaltungen und Gruppen teil, sondern konnten sich auch mit ihren Ideen, Anliegen, Problemen, Impulsen darstellen und einbringen. Indem wir uns mit ihren Gefährdungen, Nöten und Erfahrungen auseinandersetzten und neben den Vorträgen, die wir selbst bestritten, engagierte Persönlichkeiten aus aller Welt zu den verschiedenen Themenkomplexen einluden, lernten wir zugleich auch viele Entwicklungsstadien der sozialen und geistigen Entwicklung dieser Zeit kennen, wie sie sich in den Menschen spiegelten, die aus den verschiedenen Ländern kamen. Auf diese Weise waren die unterschiedlichsten Zeitströmungen durch das Forum 3 »hindurchgeflossen«, so dass wir sie unmittelbar wahrnehmen konnten.

Soweit ich es seit dem bewusst miterlebten letzten Krieg verfolgen konnte, war ich durch meine Arbeit zu der Überzeugung gelangt, dass in der geistigen Welt, die uns Menschen umgab und die unmittelbar an die sinnlich wahrnehmbare Welt angrenzte, ebenfalls eine gewaltige Entwicklung stattgefunden hatte. Die geistige »Großwetterlage« hatte sich im Vergleich zum Jahrhundertanfang außerordentlich stark verändert. Wenn ich alle Ereignisse der sozialen Entwicklung versuchte, in ein Gesamtbild zu bringen, hatte ich den Eindruck, hier zeigten sich Wirkungen von dem, was sich auch gleichzeitig in der geistigen Welt abspielte und das wie ein Wetterleuchten im Bewusstsein der Menschen aufblitzte. Wir waren vor allen Dingen mit jener Generation von jungen Menschen konfrontiert, die nach dem Krieg geboren war und völlig neue Impulse und Erlebnisse aus der geistigen Welt mitbrachte, die sie wohl vorgeburtlich auch während der furchtbaren Kriegsereignisse gehabt hatte, die als gemeinschaftliche Impulse in ihr wirksam waren und welche sich nun in der weltumspannenden Jugendbewegung in unterschiedlichsten Formen auslebten.

War an den äußeren Ereignissen, in die wir ja auch alle eingebunden waren, und den Handlungen, mit denen wir darauf antworteten, eine Entwicklung abzulesen? Immer wieder führte ich mir die zurückliegenden Etappen der vergangenen Jahre und Jahrzehnte vor Augen: Was wollte sich darin an tieferliegender geistiger Bedeutung aussprechen und welche Entwicklungsforderung wurde daraus deutlich?

In den ersten Jahren der Forum-Arbeit stand – dem Zeitbewusstsein entsprechend – das politische und soziale Engagement im Vordergrund. Wir hatten in den verschiedenen Veranstaltungen und Gesprächen im Hause wie auch durch die Teilnahme an Demonstrationen und Aktionen gemeinsam mit anderen Gruppierungen die vielfältigen Gedankenrichtungen und Impulsierungen kennen gelernt. Eines war allen gemeinsam: Es wurde Gemeinschaft gesucht. Es war in gewisser Weise der Weg zur Begegnung mit dem anderen Menschen. Ich selbst sah darin zwar letztendlich die Suche nach dem individuellen geistigen Kern, der in jedem Menschen lebte. Aber zunächst wurde die äußere Gemeinschaft gesucht, um in der sozialen Realität mit diesem Kern handeln zu können. Ein tiefes Brüderlichkeitsgefühl und auch

142

das Streben nach Gleichheit bestimmte die Handlungen und den Umgang miteinander, und wie selbstverständlich verbarg sich darin auch der Anspruch nach Freiheit.

Es war für mich eigentlich ganz konsequent, dass sich allmählich aus vielen sehr intensiven Gemeinschaftserfahrungen auch die Suche nach tieferen *geistigen* Erlebnissen entwickelte. Die Aufnahme von *Wissen* über geistige Tatsachen war jedoch nicht mehr ausreichend. Man wollte das Geistige in sich selbst *erfahren*. Darin bestand für viele junge Menschen ein weiterer Schritt auf dem Wege der Bewusstseinsentwicklung dieses Jahrhunderts.

In der Zeit, als ich vor dem Entschluss stand, den Meditationskurs anzubieten, hatte mich zum Beispiel die Geschichte des Zen-Meisters Suzuki Roshi beeindruckt. Er begann 1963, sich auf einen öffentlichen Platz in San Francisco zu setzen und zu meditieren. Mehr nicht. Junge Menschen nahmen die Ausstrahlung wahr, die von dieser Tätigkeit ausging. Sie erlebten unmittelbar, wie er den Geist anwesend machte. Sie setzten sich zu ihm, machten mit und wurden seine Schüler. Indem ich solche Vorgänge verfolgte, bemerkte ich, dass die Ereignisse in Deutschland zeitversetzt gegenüber Amerika stattfanden. Es dauerte immer etwa fünfzehn Jahre, bis die entsprechende Entwicklungswelle auch bei uns ankam. Und so fragte ich mich erst 1977: War es nicht auch hier unsere Aufgabe, aus dem geisteswissenschaftlichen Schulungsweg heraus die Verbundenheit mit der geistigen Welt unmittelbar durch sich selbst erlebbar zu machen? War das nicht die Aufgabe, auf die sich die Schüler Rudolf Steiners für das Jahrhundertende vorzubereiten hatten, aus eigener Erfahrung individuell geistig zu wirken, ohne sich auf andere Autoritäten oder literarische Veröffentlichungen zu stützen, um auch aus der direkten, realen Geistesgegenwart handeln zu können – jeder an seinem Platz und in seiner Situation?

Nach der Etappe, durch meditative Übungen zu allgemeinen geistigen Erfahrungen zu kommen, trat in der Folge in diesen Jahren die lebensbestimmende Realität von Karma und Reinkarnation mehr und mehr ins Bewusstsein vieler Menschen und drängte als Erfahrungstatsache durch Veröffentlichungen auch in den Blick einer breiteren Öffentlichkeit. Zahlreiche amerikanische Psychologen hatten ihr Bild vom Wesen des Menschen durch Erlebnisse der Reinkarnation, des Karma und anderer mystischer Erfahrungen, wie sie jeder Mensch haben kann, erweitert und begannen damit zu arbeiteten. Die »transpersonale Psychologie«, welche die übersinnlichen Erlebnisse der Menschen als Realität mit einbezog, entwickelte sich. So hatte zum Beispiel die amerikanische Psychologin Helen Wambach in hunderten von Versuchen mittels meditativer Tiefenentspannung Menschen in die Erlebniszeit vor ihrer Geburt zurückgeführt und dabei erstaunliche Übereinstimmungen entdeckt. Die Auswertung der Aussagen zeigte signifikante Gemeinsamkeiten, zum Beispiel, warum diese Menschen gerade in das 20. Jahrhundert geboren werden wollten. Die Untersuchungen bestätigten für mich auf einer empirischen Ebene dasjenige, was Rudolf Steiner am Jahrhundertanfang als geisteswissenschaftliche Erkenntnis über das vorgeburtliche Leben der Seele dargestellt hatte.

Nachdem nun viele Menschen sich mit dem Thema »Reinkarnation und Karma« beschäftigten, blieb die Überzeugung von den wiederholten Leben auf der Erde nicht weiter ein Privileg weniger Menschen, welche zu einer spirituellen Organisation gehörten, sondern durchsetzte mehr und mehr größere Bevölkerungsteile.

Ich selbst war zwar seit meiner Jugend von dieser Tatsache überzeugt. Doch jetzt wollte ich es genauer wissen und beschäftigte mich in mehreren Anläufen mit den speziellen von Rudolf Steiner angeregten Meditations- und Übungsanleitungen, die zu einzelnen Rückerinnerungen an frühere Leben führen sollten. Theoretisch waren sie mir zwar schon lange bekannt. Doch zunächst musste ich mir eingestehen, dass auch das Wiederholen der Übungen allein noch keine bemerkbaren Ergebnisse brachte. Ich machte ebenfalls die Erfahrung, dass nicht nur eine bestimmte innere Reife, sondern auch eine spezielle Grundstimmung notwendig war, um an jene Erinnerungsschichten heranzukommen, in denen die Spuren und Auswirkungen früherer Leben zu finden waren. Erst einige Jahre später, als ich mir noch einmal durch einen sehr bildhaften Lebensrückblick einige schmerzhafte Lebenserfahrungen vergegenwärtigte, gelang es mir, in die tieferen Schichten des karmischen Gedächtnisses vorzudringen. Die genannten Übungen, die über mehrere Tage und Nächte gingen, brachten jetzt überraschend konkrete Einsichten und Bilder. Ich entdeckte in der Aufarbeitung dieser Erfahrungen auch, dass es bestimmte tiefere Eigenschaften waren, die von Leben zu Leben durchaus weiterwirkten, auch wenn die äußeren Umstände einen verwandelten Charakter hatten.

Wenn ich mir zum Beispiel eine Inkarnation im 15. Jahrhundert vergegenwärtigte, in der ich als Handwerker, Wagenbauer und Alchimist arbeitete und in einer Zeit der Pest zu warnen und zu helfen versuchte, so entdeckte ich in den Eigenschaften dieser damaligen Gestalt nicht nur die vorhandenen Fähigkeiten, sondern auch die Schwächen, die sich bis heute verhältnismäßig unverwandelt weiter geltend gemacht hatten. Sie waren mir zwar durch die gewöhnliche Selbsterkenntnis schon erlebbar geworden, traten nun aber gerade durch die transparente Bildhaftigkeit des Erlebnisses unübersehbar deutlich ins Bewusstsein. So sprang mir zum Beispiel die Neigung, mich aufgrund von Nützlichkeitserwägungen gerne über allgemeine Regeln hinwegzusetzen, um meine inneren Tatimpulse zu realisieren, scharf ins Auge. Was vorher nur Gefühl beziehungsweise abstrakte Einsicht war, wurde nun im Bilde eine ganze Stufe höher, anschaubar ins Bewusstsein gehoben.

Auf die häufig gestellte Frage nach dem Sinn solcher Karma-Erlebnisse fand ich insofern auch noch die Antwort, dass durch das bildhafte Rückerleben die Aufgaben für dieses Leben auf diese Weise noch wesentlich klarer erfasst und angepackt und die Wiederholung mancher Fehler vermieden werden kann. So erwiesen sich diese Erkenntnisse als wichtige Kriterien dafür, zu beurteilen, welches Verhältnis zu der erlebten Gestalt besteht! An der Qualität der Erfahrungen war es möglich, auch einen speziellen Unterscheidungssinn für den Wahrheitsgehalt zu entwickeln, der das unmittelbare Gewissheitserlebnis der Identität mit dieser Gestalt absichert. Die sehr konkreten Bilder, in denen ich auch die Ursachen dieser Eigenschaften fand, hatten darüber hinaus im Nachklang eine außerordentlich stärkende Auswirkung, welche nicht nur die innere Sicherheit in Bezug auf die Realität der geistigen Welt erhöhte, sondern eine anhaltende tiefe Ruhe und Kräftigung in meinem Lebensgefühl zur Folge hatte. Es war in der Tat ein Gefühl, wie von einem »Strom aus flüssigem Metall« durchdrungen zu werden.

Durch diese inneren Erfahrungen konnte ich jetzt erst im vollsten Sinne dasjenige verstehen, was von Rudolf Steiner als mögliche Erlebnisse auf diesem Übungs- und Forschungsweg beschrieben wurde. Es hatte sich für mich ein neues Tor für die Erkenntnis geistiger Zusammenhänge erschlossen, durch das ich auch in Zukunft immer wieder hindurchgehen konnte. Auch bildete sich dadurch die nötige Sicherheit für den Umgang mit den Erfahrungen heraus, die andere Menschen, welchen ich später begegnete, auf diesem Gebiete machten.

Gemeinschaftssehnsucht und Gemeinschaftsbildung, meditative Praxis und spirituelle Erfahrungen, die Tatsache der vorgeburtlichen Existenz, die Gesetzmäßigkeiten des Karma und die Tatsache der Reinkarnation waren in der Zwischenzeit für viele Menschen ein Bestandteil ihres eigenen Lebens und Strebens geworden, hatten Berufs- und Lebensentscheidungen mitgeprägt und hatten unter anderem auch dazu geführt, dass besonders in der westlichen Welt eine unübersehbare Fülle von Forschungs- und Therapieeinrichtungen entstand. Die Begrenztheit einer materialistischen Weltanschauung war für einen Teil der Menschen auf diese Weise praktisch durchbrochen worden. Das stimmte mich angesichts der nach wie vor dominierenden materialistischen Kultur hoffnungsvoll. Ein neues Paradigma begann sich geltend zu machen. Es waren auch viele Menschen, die keine eigenen Erfahrungen hatten, von der Tatsache dieser Erlebnisdimension mittelbar berührt, so dass allmählich selbst die Massenmedien nicht mehr umhin konnten, sich mit diesen Vorgängen, wenn auch nur oberflächlich, zu beschäftigen. Ich hatte den Eindruck, dass gerade durch die sozialen und seelischen Krisenerlebnisse die vordergründige scheinbare Lebenssicherheit erschüttert

wurde und so zum Jahrhundertende hin die Impulse der geistigen Welt immer mächtiger in die Schicksalsereignisse der Menschen hineinwirken konnten, um die zunehmende materialisti-
sche Lebenspraxis auszugleichen. – Diese Entwicklung vollzog
sich natürlich nicht ohne Probleme, Gefährdungen und Miss-
brauchsmöglichkeiten.

Eine besonders wuchtige geistige Erfahrung war die Situation
der Menschen, welche als Opfer der Zivilisation und Technik
durch Verkehrsunfälle, Erkrankungen und andere schockartige
Erfahrungen mit ihrer gesamten Persönlichkeit so machtvoll
über die Grenze der diesseitigen in die jenseitige Welt »hinüber-
katapultiert« wurden, dass sie tiefe und weitreichende Einsichten
in die übersinnlichen Welten gewannen. Nach der Rückkehr in
das physische Bewusstsein brauchte es allerdings häufig Jahre,
um die aus der jenseitigen Dimension mitgebrachten Erfahrungen in das diesseitige Bewusstsein »herunterzuarbeiten«.

Eine Fülle von vielschichtigen Nahtoderfahrungen war in der
Zwischenzeit bekannt und auch niedergeschrieben worden. Es
gab umfangreiche Dokumentationen und Veröffentlichungen sowie eine große Zahl empirischer Studien und Untersuchungen
amerikanischer Psychologen und Wissenschaftler, welche erst
langsam im deutschen Sprachraum zur Kenntnis genommen wurden. Diese Menschen, die die Grenze zwischen Leben und Tod für

kurze Zeit überschritten hatten und dann wieder durch die ärztliche Kunst in ihren physischen Körper zurückgeholt werden konnten, wurden für mich in der direkten Begegnung zu Botschaftern einer erstaunlich differenziert erlebten, geistig-jenseitigen Welt. Die verwandelnde und gesundende Kraft (!), die sie in jenen Sphären erlebt hatten, schienen mir ein Indiz dafür zu sein, dass es sich hierbei nicht um irgendwelche Halluzinationen handelt, sondern dass durch sie eine höhere Wirklichkeit wahrnehmbar wurde. – Eine genauere Auseinandersetzung mit diesen Erfahrungen findet sich in meinem Buch *Jenseits von Zeit und Raum*.

Neue Begegnungen und Erkenntnisse

Der Erste, dem ich in dieser Hinsicht begegnete, war der in der Schweiz lebende Städteplaner und Architekt Stefan von Jankovic, der die Realität seiner außerkörperlichen Existenz durch einen Verkehrsunfall so intensiv erlebte, dass es sein Leben nachhaltig veränderte. Wir hatten ihn zu einem Vortrag nach Stuttgart eingeladen. Die Differenziertheit der Beschreibung des Loslösungsprozesses von seinem physischen Körper ging weit über das hinaus, was wir als geisteswissenschaftliche Beschreibung vom Jahrhundertanfang aus der Literatur kannten. Hatte sich die menschliche Bewusstseinskraft seither so weitgehend verändert, dass in kürzester Zeit, in wenigen Minuten nicht nur die Lebensrückschau, sondern mehrere Dimensionen der geistigen Welt durchlebt werden konnten? Was mich in den Gesprächen mit ihm besonders beeindruckte, war nicht nur die heitere Ruhe, Gelassenheit und Selbstverständlichkeit, mit der er seine Schilderungen vorbrachte, sondern die Liebe, mit der er auf Fragen seiner Gesprächspartner einging. Sie erschien mir wie ein wesentliches Kriterium für die Wahrhaftigkeit seiner Erfahrung. Das Außergewöhnliche seiner Nahtoderlebnisse bestand außerdem noch darin, dass er durch monatelange meditative Versenkung in jene Erfahrung auch Einblicke in frühere Erdenleben bekam, die sich in diesem Leben auswirkten und die auch von ihm verifiziert werden konnten.

148

Es zeigte sich später bei meinen weitergehenden Untersuchungen, dass ähnliche Erfahrungen an der Todesgrenze auch bei uns in Europa ebensoweit verbreitet waren wie in Amerika, nur dass man hier darüber nicht offen sprach. Die Palmström-Gesinnung: »Weil nicht sein kann, was nicht sein darf« war offensichtlich in den mitteleuropäischen Köpfen noch außerordentlich stark und verhinderte einen offenen Erfahrungsaustausch über diese und andere spirituelle Erlebnisse.

Als ich einige Jahre später den amerikanischen Arzt George Ritchie kennen lernte, nachdem ich sein Buch über die *Rückkehr von morgen* gelesen hatte, in welchem er seine umfangreichen Nahtoderfahrungen und die Begegnung mit dem Christus schilderte, wurde mir deutlich, warum gerade er der Initiator wurde für viele andere Ärzte und Psychologen in Amerika, sich mit dem Phänomen der so außerordentlich zahlreichen Nahtoderfahrungen in der Folge forschend auseinanderzusetzten. Er hatte bei seiner Rückkehr in den physischen Körper so etwas wie eine Mission mitbekommen, die er auch in seinem neu geschenkten Leben bis zum heutigen Tag zu erfüllen versucht.

Der Umfang der Einsichten in die verschiedenen Sphären der geistigen Welten einschließlich der Zwischen- und Unterwelt, in der sich die nachtodlichen Erfahrungen der Menschen abspielten, waren aus geisteswissenschaftlicher Sicht für mich unmittelbar nachvollziehbar und verständlich. Als ich ihn fragte, wie es ihm möglich war, diese Einzelheiten so genau bis in die höchsten Sphären der zukünftigen Lichtstadt zu sehen, sagte er schlicht: »Nicht ich, sondern ich habe es nur durch die Augen des Christus gesehen. Er hat es mir gezeigt.« In dem Gespräch nach dem öffentlichen Vortrag fragte ihn ein Mädchen, warum er so sicher sei, dass es der Christus war. Da drehte er sich um, schaute sie einen Augenblick an und sagte nur: »Weil ich ihn gesehen habe.«

In der Zusammenschau dieser Erfahrungen zeigte sich bei aller Unterschiedlichkeit der Erlebnisse eine bemerkenswerte Gemeinsamkeit: Wenn diese Menschen wieder in ihren physischen Körper zurückgekehrt waren, erfuhren sie eine tief verwandelnde und ihre Persönlichkeitskräfte steigernde, gesundende Wirkung.

Im Gespräch mit Georg Ritchie, Magda Meier, U. Morgenthaler,
S. Woitinas im Forum Theater, 1994

Wenn es ihnen dann gelang, auch darüber zu sprechen, wurden sie
zu Botschaftern für die Ereignisse und Tatsachen der übersinnlichen geistigen Welt an dem Ort, an den sie ihr Schicksal gestellt
hatte. – Die starke Persönlichkeitswandlung brachte allerdings
auch häufig soziale Probleme mit sich.

Millionen von Menschen auf der ganzen Erde haben in der
Zwischenzeit solche Erfahrungen gemacht, tausende wurden do-
kumentiert, psychologisch, medizinisch, empirisch untersucht,
und es wurde versucht, ein Verständnis der Möglichkeit solcher
Erfahrungen zu gewinnen.

Durch die Beschäftigung mit diesen Vorgängen war für mich
eine dritte Form geistiger Erfahrung in die Welt und damit in das
Bewusstsein unserer Kultur getreten, und es erschien mir sogar
ganz verständlich, dass gerade in diesen Erfahrungen wichtige
Zukunftsvisionen aufleuchteten. Es war ja das letzte Jahrzehnt
im letzten Drittel dieses Jahrhunderts, als solche Erfahrungen für
viele Menschen sichtbar wurden und damit auch eine Hilfe
brachten, das Rätsel und das Geheimnis des Todes, durch welches unser Jahrhundert in besonderer Weise geprägt ist, zu verstehen und ihm zu begegnen.

Durch den rumänischen, in Amerika lebenden Denker Florin Lowndes entstand Verbindung zu weiteren Persönlichkeiten mit umfangreichen Erfahrungen, von denen wir einige nach Stuttgart einladen konnten. Es hatte sich ein weltweiter Zusammenschluss von Menschen mit solchen Erfahrungen gebildet, so dass auch systematische Untersuchungen gemacht und veröffentlicht werden konnten – seit 1972 war ich Mitglied der »Freien Hochschule für Geisteswissenschaft« in Dornach und hatte viele Jahre in der sozialwissenschaftlichen Sektion mitgearbeitet. Nun wurde ich Mitglied in dieser International Association for Near Death Studies (IANDS), um die fortlaufenden Ergebnisse der verschiedenen Forscher verfolgen zu können.

Ich stellte mir die Aufgabe, selbst eine solche Austausch- und Forschungsgruppe in Stuttgart zu begründen, um auf geisteswissenschaftlicher Grundlage noch zu einem tieferen Verständnis dieser Phänomene zu gelangen und sie auch öffentlich vertreten zu können. Seitdem habe ich an die hundert Gespräche mit verschiedensten Menschen geführt, die sowohl durch Krankheit oder Unfall an die Todesgrenze gelangten oder auch durch andere Lebenserfahrungen einen Blick in die geistige Welt hinübergetan hatten, ohne an diese Todesgrenze zu kommen. Diese Gespräche waren für beide Teile außerordentlich fruchtbar.

Wenn ich bei der Schilderung dieser Erfahrungen zuhörte, war es für mich, als wenn ein Vorhang aufgerissen würde und ich für eine Zeit in jene Erlebniswelt hineinschauen könnte, von der meine Gesprächspartner berichteten. Meine geisteswissenschaftlichen Begriffe füllten sich mit Leben durch jene Erfahrungen, die während des Gespräches in den Betroffenen wieder aufleuchteten und unmittelbare Gegenwart wurden. Dabei konnte ich sie durch eigene Meditationserfahrungen bis zu einem gewissen Grade mitvollziehen und in ihrer Bedeutung überprüfen. Bei meinen Gesprächspartnern ergab sich das überraschende Erlebnis, dass sie im Gespräch durch die Fragen und die vermittelten geisteswissenschaftlichen Begriffe und Erklärungen ihre eigenen Erfahrungen noch einmal differenzierter anschauen und ihren Zusammenhang klarer durchleuchten konnten, so dass die oft vor Jahren gemachten Erfahrungen jetzt durch die verstehende, eigene Aktivität erst endgültig in ihre Persönlichkeit integriert wurden und noch eine neue stärkende und erhellende Dimension bekamen.

Es war ein gegenseitiges Erwachen aneinander. In dieser Gesprächspartnerschaft zweier Menschen fand eine Begegnung statt zwischen der *Wahrnehmung* geistiger Tatsachen und dem *Begriff*. Damit war für mich ein *sozialer Erkenntnisprozess* vollzogen, der sich als *individueller* Erkenntnisprozess in jedem Menschen ereignen kann. Doch hier entstand darüber hinaus Gemeinschaft, und oft resultierte daraus eine anhaltende geistige Freundschaft. – War das eine Form der von Rudolf Steiner gemeinten und erhofften Geistesforschung, welche die bewusste Zusammenarbeit zweier unterschiedlich begabter Menschen voraussetzte?

In dieser Situation blickte ich wiederholt auf die vergangenen Jahrzehnte meiner Arbeit zurück und vergegenwärtigte mir meinen eigenen Entwicklungsgang. Ich versuchte, mir ein Bild vom ersten Drittel dieses Jahrhunderts zu machen, das ich noch nicht auf der Erde erlebt hatte. Ich vertiefte mich in die Erfahrungen mit meinen Eltern, Verwandten, Freunden und den unmittelbaren Schülern Rudolf Steiners, mit denen ich sprechen konnte und durch deren Schilderungen und Seelen ich mir die Dramatik und auch Tragik dieses ersten Teiles des Jahrhunderts ins Bild brachte. Durch die Begegnungen mit diesen Zeitzeugen sowie dem Studium entsprechender Dokumente und Bilder hatte ich in mir eine tiefe Beziehung zum ersten Goetheanum entdeckt. Ich empfand anhand solcher Bilder immer wieder diesen gewaltigen Doppelkuppelbau, so, als wenn er sich imaginativ über mich wölbte und ich in ihm leben könnte. Mit dieser meditativ nachvollzogenen Form und Architektur ergab sich mir auch noch ein tieferes Verständnis der Neubegründung der Anthroposopischen Gesellschaft von 1923 mit ihrer Äthergestalt und den damit verbundenen Aufgaben.

Ich hatte einen großen Teil der Werke Rudolf Steiners tief in mich aufgenommen, so dass mir die großen zentralen Wahrheiten in entscheidenden Augenblicken immer wieder als Erkenntnis und Handlungshilfe gegenwärtig wurden, und durch die Ver-

*Rudolf Steiner
in Prag, 1919*

© Verlag am Geotheanum

© Verlag am Geotheanum

Das Erste Goetheanum, Westportal

153

trautheit mit den esoterischen Übungsinhalten betrachtete ich Rudolf Steiner immer als meinen unmittelbaren Lehrer. Insofern ich später andere esoterische Lehrer und Lehren kennen lernte, verdanke ich ihnen eine Differenzierung, Abklärung und Erhärtung meiner eigenen Erfahrungen.

Neben Rudolf Steiner gab es für mich noch eine zweite, geistesgeschichtlich große Persönlichkeit, welche mehr im Verborgenen für mein Leben eine richtunggebende Rolle spielt und der ich auch in gewisser Hinsicht mein wiedererlangtes und verwandeltes Leben verdanke. Es ist die Individualität des Christian Rosenkreutz und dessen karmische Biographie, in deren Schicksalsweg ich etwas erlebe, was mich zutiefst berührt.

Eine seiner Aufgaben besteht darin, den Geist bis in die äußere Lebenspraxis hinein mit der Materie zu verbinden und auch den in der Materie wirksamen Geist zur Erscheinung zu bringen. Der folgende Text *, in dem Rudolf Steiner 1919 dieses in konzentriertester Form zum Ausdruck brachte, begleitet mich seit langem:

> Suchet das wirklich praktische materielle Leben,
> Aber suchet es so, dass es euch nicht betäubt
>   über den Geist, der in ihm wirksam ist.
> Suchet den Geist,
> Aber suchet ihn nicht in übersinnlicher Wollust, aus
>   übersinnlichem Egoismus,
> Sondern suchet ihn,
> Weil ihr ihn selbstlos im praktischen Leben,
>   in der materiellen Welt anwenden wollt.
> Wendet an den alten Grundsatz:
> ›Geist ist niemals ohne Materie, Materie niemals
>   ohne Geist‹ in der Art, dass ihr sagt:
> Wir wollen alles Materielle im Lichte des Geistes tun,
> Und wir wollen das Licht des Geistes so suchen,
> Dass es uns Wärme entwickele für unser praktisches Tun [...]

---

* Rudolf Steiner, 24.9.1919, GA 40.

Hundert Jahre »Lichtes Zeitalter«

Das ganze Jahrhundert gliedert sich für mich in mehrere Etappen. Eines der folgenreichsten Ereignisse am Jahrhundertbeginn war für mich, dass es aus der schon charakterisierten Aufgabenstellung 1919 nicht gelang, eine neue Gesellschaftsordnung aufzubauen, obwohl die Chance und die Notwendigkeit dazu durchaus gegeben waren! Indem keine Befreiung des gesamten Geistes- und Kulturlebens aus staatlicher Bevormundung erreicht werden konnte, war auch eine *Spiritualisierung* der Kultur nicht möglich geworden, obwohl gerade zu dieser Zeit in zahlreichen Persönlichkeiten, Schriftstellern, Künstlern eine solche Spiritualität veranlagt war und sie die ersten Schritte dahin gemacht hatten. Die mittlere Epoche des Jahrhunderts war unter anderem weiter geprägt von einem halbbewussten Suchen nach gemeinschaftsbildenden Formen. Vom falschen Idealismus des »Dritten Reiches« wurde diese Sehnsucht jedoch benutzt und durch die an »Blut und Boden« gefesselte Idee der Volksgemeinschaft in ein tragisches Gegenteil verkehrt. Das Ergebnis war, dass nach der gewalttätigen kriegerischen Unterwerfung Europas und der Vernichtung von Millionen von Menschen insbesondere die mitteleuropäische Kultur in ein folgenreiches inneres Chaos gestürzt wurde. Doch selbst nach Ende des äußeren Krieges wurden, nach einem kurzen erschreckten Innehalten mit dem Blick auf die Trümmer der Kultur, die Gefühle der Menschen in neuer Form auf immer raffiniertere Weise missbraucht. Die Aufmerksamkeit der Menschen wurde – auch mit amerikanischer Hilfe – einseitig vor allem auf den materiellen Wiederaufbau gelenkt, und eine wirkliche Aufarbeitung der zurückliegenden Ereignisse, um die geistige Bedeutung zu erfassen, fand nicht statt. Selbst die weltweite Studentenbewegung mit ihrem Streben nach neuen Gemeinschafts- und Gesellschaftsformen fand zwanzig Jahre später keinen entscheidenden Ausweg aus der festgefahrenen Situation.

Der letzte Teil des Jahrhunderts war für mich durch die Tendenz geprägt, die ganze Erde dem menschlichen Willen und der technischen Intelligenz zu unterwerfen. Eine ungeheure Fülle von Energie und Intelligenz wurde verwendet, um nicht nur die äußere materielle Welt zu erforschen und zu gestalten, sondern mit diesen Mitteln auch materiell in den Weltraum hinauszudringen – der Beginn eines neuen kosmischen Imperialismus, der jedoch auf Kosten der Lebenskräfte der ganzen Erde geht und in die gewaltige Illusion einmündet, menschliches Leben auf andere Planeten hinaustragen zu können.

So zeigt dieses letzte Jahrhundert – welches zugleich das erste des 1899 angebrochenen »neuen lichten Zeitalters« war und auf dessen Bedeutung Rudolf Steiner nachdrücklich hingewiesen hatte – eine merkwürdige doppelschichtige Signatur: Äußerlich dominiert ein immer raffinierterer Materialismus, von dem sich die meisten Menschen gefangen nehmen lassen. Unter der Oberfläche aber entwickelt sich eine andere Strömung, die langsam aber stetig zu einer immer spirituelleren Welt und Lebensanschauung drängt, in welcher die geisteswissenschaftlichen Grunderkenntnisse über das Wesen des Menschen und der Welt einen Bestandteil der Jahrhundertwende-Kultur bilden. Dieser ganz auf den individuellen, initiativen Menschen begründete spirituelle Kulturimpuls sollte wie ein Ferment eine Gegenkraft im äußeren gesellschaftlichen Leben werden und darüber entscheiden, ob wir am Ende dieses Jahrhunderts »am Abgrund aller Kultur oder am Beginn eines neuen spirituellen Zeitalters« stehen.

Denn die Geisteswissenschaft enthielt von vornherein einen hohen Anteil an Zukunftsperspektiven, welche mit der charakterisierten Doppelschichtigkeit der Entwicklung dieses Zeitraums rechnete! Damit waren die Grundlagen gegeben, die Entwicklung des menschlichen Bewusstseins für den bevorstehenden sozialen und technischen Wandel im konstruktiven Sinne vorzubereiten. Die Konzeption der anthroposophischen Bewegung insgesamt schien mir in drei Schritten veranlagt zu sein, wie es sich im Grundsteinspruch – der 1923 für die Neubegründung der Anthroposophischen Gesellschaft gegeben wurde – in einer bestimmten Form spiegelt: Die wesentlichen Erkenntnisse über das geistige Wesen von Mensch und Welt waren am Anfang als Lehre und Wegbeschreibung durch ihren Begründer in *Gedankenform* gegeben worden. Durch meditative Vertiefung hätte sich eine Form des *Gemeinschaftslebens* und des gemeinschaftlichen *Austausches über diese geistigen Erfahrungen* in der Mitte des Jahrhunderts herausbilden können, so dass durch die gelebte geistige Präsenz solcher Menschen ein allmählicher Bewusstseinswandel stattfinden sollte. Auf dieser Grundlage wäre es möglich gewesen, dass am Jahrhundertende eine *genügende Anzahl einzelner Persönlichkeiten in Souveränität* und durch ihre unmittelbare Verbundenheit mit der geistigen Welt sozial und kulturell an allen Orten und auf allen Lebensgebieten in größerem Umfang hätten mitgestaltend wirksam werden können, als es geschehen ist, um den Übergang in das nächste Jahrtausend vorzubereiten; und dies unabhängig von einer äußeren Organisation!

Umstülpung

Dieses »verborgene Konzept« hätte sich in den vielfältigen Lebenszusammenhängen im Laufe des 20. Jahrhunderts entfalten können. Es ist jedoch durch den tragischen Verlauf der anthroposophischen Gesellschaftsgeschichte sowie durch die Ereignisse der Jahre 1933 bis 1945 – also in der Mitte des Jahrhunderts – in seiner ursprünglich intendierten Form gescheitert. Unter anderem wurden Millionen von jungen Menschen durch die beiden Kriege vorzeitig aus dem Leben und ihrer Schicksalsaufgabe herausgerissen. – Durch die soziale Beobachtung gewann ich jedoch den Eindruck, dass viele von ihnen auch schnell wieder – eine relativ kurze Zeit nach dem Zweiten Weltkrieg – den Weg in ein neues Leben gefunden hatten und damit den besonderen Charakter der weltweiten Jugend- und Studentenbewegung auf ihrer Suche nach Gemeinschaftlichkeit und sozialer Erneuerung prägten. Viele von diesen jungen Leuten, die ihre Denkkraft nicht von den marxistisch-leninistischen Gedankenformen gefangen nehmen ließen, hatten die Hoffnung, dass durch ihre Art des Gemeinschaftslebens sich schon auch die neuen Gesellschaftsformen ergeben würden. Das erwies sich jedoch als Irrtum. Als am Anfang der siebziger Jahre die Dynamik der Studentenbewegung nachließ, lösten sich die äußeren Formen auf, aber die geistige Stoßrichtung dieser Bestrebungen ging trotzdem nicht völlig verloren; sie machte sich nur auf anderen Wegen geltend. Der große Impuls hatte sich jedoch äußerlich nicht durchsetzen können und war wieder gescheitert. Die Bestrebungen verlagerten sich ganz auf die Entwicklung der Einzelpersönlichkeit, und der meditative Weg nach innen wurde von vielen als die eigentliche Revolution bezeichnet.

So breiteten sich eben auch hier in Mitteleuropa im ersten Jahrzehnt des letzten Jahrhundertdrittels die verschiedenen Meditationsbewegungen aus. Aufgrund des wachsenden Bedürfnisses in diese Richtung hatte ich versucht, auch meinerseits mit entsprechenden Veranstaltungen und Kursen beizutragen, während in den Vereinigten Staaten diese Entwicklung schon weiter vorangeschritten war. So kam das »geistige Licht des Ostens« diesmal zurückgespiegelt über den Westen nach Europa und wurde von vielen gierig aufgegriffen.

Die hier von mir ins Auge gefassten Zeiträume von etwa dreimal zehn Jahren verstehe ich keinesfalls scharf abgegrenzt, sondern nur als eine Abfolge von sich überlappenden Zeitetappen. Wie in den siebziger Jahren die Suche nach meditativen Erfahrungen, so schob sich nun in den Achtzigern verstärkt die Beschäftigung mit den Erfahrungen von Reinkarnation und Karma in den Vordergrund vieler Menschen. Es war nicht die philosophische geisteswissenschaftlich gestützte Erkenntnis, die dazu beitrug, sondern es waren die immer zahlreicher werdenden *Erlebnisse* durch die Tatsache, dass sich Menschen mit Bildern konfrontiert fanden, die auf frühere Lebensformen hinwiesen. Mit erstaunlicher Geschwindigkeit bildeten sich dann Persönlichkeiten zu Therapeuten aus, und es entstanden Institutionen, in denen diesbezügliche Techniken auch professionell angewendet wurden, um Einsichten in die früheren Inkarnationen zu gewinnen.

Das dritte Element dieser ganzen Entwicklung bestand nun, wie geschildert, in der immer schnelleren Veröffentlichung von hunderten von Nahtoderfahrungen, die zunehmend von den Verlagen und anderen Medien aufgegriffen wurden. Dies waren nach meiner Ansicht die stärksten und wuchtigsten Ereignisse, durch welche sich die Realität der um und in uns lebenden, aber nicht wahrgenommenen geistigen Welt bemerkbar zu machen versuchte.

So hatten sich in das Bewusstsein der erwachsen gewordenen Nachkriegsgeneration diese drei Formen des Miterlebens und Berührtwerdens durch die geistige Welt in die unvermindert weiter fortschreitende technische Entwicklung hineingemischt. Es war möglich geworden, auf dreifache Weise Kenntnis von der geistigen Wirklichkeit zu erlangen: Durch die verschiedenen Meditationspraktiken konnte eine Kenntnis der unmittelbar im Menschen wirkenden geistigen Kräfte erlangt werden. In der zweiten damit zusammenhängenden Form wurde ein Bewusstsein für die geistige, karmische Vergangenheit des eigenen unsterblichen Wesens und damit der Menschheitsentwicklung sichtbar. Das dritte Element – Auswertung und Aufarbeitung der vielen Nahtoderfahrungen – brachte Einblicke in das, was den Menschen nach dem Tod bzw. in der Zukunft bevorsteht, auch wenn es nur die Erfahrung von geistigen Grenzgebieten in unmittelbarer Todesnähe zu sein schien. Denn häufig war noch etwas Neues in diese Erlebnisse hineingemischt, was als impulsierende Tatimpulse für das neu gewonnene Leben wirksam blieb.

Der ganze Vorgang, der sich in diesem überschaubaren Zeitraum mit den gescheiterten wie auch erneuerten Impulsen abgespielt hatte, erschien mir wie eine Umstülpung des ursprünglich veranlagten Entwicklungsprozesses des menschlichen Bewusstseins. Stand am Anfang des Jahrhunderts das Interesse an neuen *geistigen Erkenntnissen,* welche durch einen geistigen Lehrer in Gedankenform vermittelt wurden, so war jetzt am Ende bei vielen jungen Menschen zu beobachten, wie eine starke Abneigung gegen *Gedanken,* aber ein tiefes Interesse für unmittelbare spirituelle *Erfahrungen* auftrat, die über die ganze Welt verteilt zum Vorschein kamen. Erst wenn diese Erfahrungen durch die Begegnung mit einem anderen Menschen miterlebt werden konnten, entstand die Bereitschaft, auch Erklärungen der Gesetzmäßigkeiten entgegenzunehmen und in dieser Begegnung gemeinsame Begriffe zu bilden. Das aber hatte außerordentliche Konsequenzen für den Umgang miteinander und erklärte auch die Tatsache, dass geistige Erkenntnisse am ehesten von Menschen zu vermitteln waren, die bis zu einem gewissen Grade eben auch entsprechende Erfahrungen vorweisen und auf dieser Grundlage die entsprechenden Begriffe und Gedanken entwickeln konnten.

Die Rolle und Aufgabe der anthroposophischen Geisteswissenschaft – zunächst von einem Zentrum ausgehend – war dazu veranlagt, am Anfang des Jahrhunderts durch konsequente Weiterentwicklung die oben geschilderten zivilisatorischen Ereignisse mit vorzubereiten. Jetzt wurde klar, dass heute naturhaft und schicksalsgegeben überall auf der Welt geistige Erfahrungen auftraten, die allerdings oft erst in der Folge verstanden und fruchtbar mit Hilfe der geisteswissenschaftlichen Erkenntnisse in das Leben hineingearbeitet werden können. Anthroposophie war für mich nun nicht mehr nur eine Vorbereiterin, sondern zeigte sich als hilfreiche und unentbehrliche »Nachbereiterin«. Sie wird dort fruchtbar praktiziert, wo sie nicht mehr als die Summe des Wissens, sondern als mit Lebenserfahrung durchtränkte Erkenntnisfähigkeit angewendet wird. Denn bei dem hohen Grad an Individualisierung der Menschen am Jahrhundertende wird, wenn auch unbewusst, individualisierte Geistigkeit erwartet und allgemeine Formeln oder Lehrsätze werden kaum mehr akzeptiert. Das erfordert aber in der Menschenbegegnung, sich stets in einen Verwandlungsprozess hineinzubegeben.

Eins mit dem Strom der Zeit

In den ganzen Zeitprozess des 20. Jahrhunderts fühlte ich meinen eigenen Lebensweg hineinverwoben. Ja, ich hatte immer wieder die Empfindung, als wären alle früheren Entwicklungsstufen eine Vorbereitung für die später erst sichtbar werdenden Aufgaben. So begleiteten mich auch die am Anfang meines Lebens aufgetretenen bildhaften Einsichten in geistige Zusammenhänge stets im Untergrund meines Bewusstseins. Sie gaben mir einerseits – wenn auch mehr träumend – die Gewissheit einer verborgenen geistigen Dimension der Welt. Andererseits hielten sie die Sehnsucht danach auch in schwierigen Lebenssituationen immer in mir aufrecht. Indem ich mich jedoch durch mein Studium immer stärker mit den verschiedenen Gebieten der Wissenschaft und Technik befasste, physikalische und psychologische Experimente durchführte und mich meinen beruflichen Tätigkeiten widmete, traten diese Eigenschaften einer unmittelbaren Wahrnehmung seelisch-geistiger Tatsachen mehr und mehr in den Hintergrund.

Größte Sicherheit in Gesprächen und Diskussionen gaben mir jedoch die Erfahrungen, welche ich anhand des Studiums der *Philosophie der Freiheit* über den Erkenntnisprozess gewann, insofern mir beobachtbar wurde, wie sich die beiden Weltelemente Wahrnehmen und Denken in meinem Bewusstsein zur ganzen Wirklichkeit zusammenschlossen. Um auf diese Weise zu einem gesicherten Wissen zu gelangen, war das allerdings ein mühsamer Weg.

In der mittleren Lebensphase hatte ich das Werk Rudolf Steiners zu einem größeren Teil durchgearbeitet und verbunden mit entsprechenden Beobachtungen versucht, den Menschen in seiner vielschichtigen Entwicklung zu verstehen. Vor allem war mir wichtig, auch die sozialen Weltvorgänge, in die ich mich mit meinem Leben und Arbeiten hineingestellt fand, aus spiritueller Sicht zu begreifen.

Es gab bestimmte Gebiete seiner umfangreichen Forschungen, die mir verschlossen blieben oder zu denen ich erst in einem späteren Lebensabschnitt einen verstehenden Zugang fand. Mein besonderes Anliegen dabei war vor allem, die allgemeinen, tieferen Weltzusammenhänge, beziehungsweise die darin wirksamen, okkulten Gesetzmäßigkeiten in seinen Darstellungen zu begreifen.

Es gab allerdings auch in bestimmten Lebenssituationen Momente, in denen alles, was ich je als geistig wirklich eingesehen hatte, wie ausgelöscht erschien und sich in undurchdringliches Dunkel hüllte. Dann brauchte es den Einsatz der ganzen Gedan-

161

kenkraft, um systematisch alle schon einmal gewonnenen Erkenntnisse und Evidenzerlebnisse aufzurufen, um wieder die Verbindung zu der geistigen Sphäre herzustellen.

Von solchen Momenten abgesehen, hatte ich jedoch im Wesentlichen seltsamerweise nie Zweifel an seinen Schilderungen. Im Gegenteil, vieles schien mir vertraut, wenn nicht sogar bekannt, indem es in Schichten meiner Seele hineinleuchtete, in denen ich es als eine Art vergessener Erfahrung wiederentdecken konnte. Es waren aber keine Bilder, die dadurch in mir auftauchten, sondern es war das tiefe Gefühl der Wahrheit der beschriebenen geistigen Wesen und deren Wirkungen in der Welt, die als Gesetzmäßigkeiten in Gedankenform erfasst werden können.

Wenn er auf die Wesenheit und Aufgabe der großen Menschheitsführer, wie Mani, Zarathustra, Christian Rosenkreutz und andere bedeutende Individualitäten zu sprechen kam, wurde mir jedesmal in einer besonderen Tiefe die Verantwortung bewusst, die in der neueren Zeit in die Hände jedes Menschen für die Erdenzukunft gelegt war.

Aber auch der lange Weg wurde mir deutlich, der noch zu bewältigen war. Dennoch war es ein Trost zu sehen, dass *jeder* Mensch gemäß seinen Fähigkeiten und dem Punkt seines Weges, an dem er gerade steht, seine Aufgabe hat.

Den Schlüssel zur Erkenntnis der eigenen Fähigkeiten und das Werkzeug, sie in der Gegenwart fruchtbar einzusetzen, hatte ich so in der von Rudolf Steiner begründeten Geisteswissenschaft gefunden. Der Blick auf die großen Geister, die sich in die Zukunftsaufgaben schon bewusst als Menschheitshelfer hineingestellt haben, entzündete noch einmal ein tieferes Feuer der Begeisterung und den Wunsch, auch den Blick anderer Menschen dahin zu lenken, wie sich der ganze Verwandlungs- und Entwicklungsprozess der Menschheit vollzieht.

Als ich zum Beispiel Ende der achtziger Jahre einen Vortrag über Reinkarnation hielt und auf der Bühne des Forum-Theaters stand, gab es einen Moment, in dem ich versuchte, über die karmische Entwicklung des Menschen zwischen Vergangenheit und Zukunft zu sprechen und hatte mit einer bestimmten Geste die

Arme in beide Richtungen ausgebreitet. In diesem Augenblick leuchtete jenes Erinnerungsbild wieder auf, das ich als Vision mit zwölf Jahren gehabt hatte, als ich mich auf einer dunklen Bühne stehend sah, von der aus ich zu Menschen, die in einer Art Zuschauerraum saßen, über das geistige Wesen des Menschen sprach. Es war erlebnismäßig genau die gleiche Geste und Situation! Einen Moment schien wieder die Zeit stillzustehen, und ich hatte den Eindruck, an einem Punkt meines Lebens angekommen zu sein, auf den ich mich lange vorbereitet hatte.

Obgleich mich immer wieder die Frage nach der Freiheit der menschlichen Entwicklung angesichts solcher sich erfüllender Zukunftsvisionen beschäftigte, hatte ich in diesem Moment keineswegs das Gefühl der Unfreiheit. Im Gegenteil, ich fühlte mich sogar in einem gesteigerten Sinne ganz bei mir selbst und zugleich ganz »im Einklang mit dem Strome des Weltgeschehens«.

Mein Schicksal hatte mich im Forum 3 mit Menschen zusammengeführt, deren individuelle Fähigkeiten und Intentionen die meinen ergänzten und mit ihnen zusammenklangen. Das war der menschlich-seelische Boden, auf dem sich dann die umfangreiche sozial-orientierte Kulturarbeit entfalten konnte.

Gemeinschaftsbildung und Begegnung waren immer zwei wesentliche Elemente der Arbeit, die uns ermöglichten, in einer intimen Gesprächsarbeit, in welche die eigenen Erfahrungen einbezogen wurden, auch neue Erkenntnisse zu gewinnen.

In ganz eigenständiger Weise hat zum Beispiel auch mein langjähriger jüngerer Kollege Ulrich Morgenthaler das Motiv »Erkenntnis durch Begegnung« ergriffen. Es gelang ihm, Menschen verschiedenster geistiger Anschauung aus vielen Teilen der Welt zu gemeinsamen Gesprächen und Veranstaltungen ins Forum 3 nach Stuttgart einzuladen. So konnten alle, die daran teilgenommen haben, gemeinsam einen Weg beschreiten, auf dem wir die genannten Entwicklungstendenzen, die am Jahrhundertende bei zahlreichen Menschen besonders deutlich erlebbar wurden, mit verfolgen.

Es hatten im Laufe der Jahre viele Menschen durch unsere Seminare, Gespräche und Vorträge eine Lebensorientierung und den Weg zu neuen Berufen gefunden und hatten Hilfe und Lösungen für manche Lebensfragen entdecken und Verständnis für die eigenen geistigen Erfahrungen gewinnen können.

Im Kollegium hatten wir alle geisteswissenschaftlichen Grundwerke im Laufe der Jahre durchgearbeitet, und ich hatte die unerschöpflichen Dimensionen des Grundsteinspruches in frei gehaltener Meditation mit den Kollegen erkundet, so dass sich daraus für uns immer wieder neu eine Quelle der Stärkung und Inspiration erschloss.

Mit den Kollegen und den Absolventen eines der mehrjährigen geisteswissenschaftlichen Grundkurse, die ich anhand der *Geheimwissenschaft im Umriss* von Rudolf Steiner durchgeführt hatte, konnte 1993 unmittelbar aus dem lebendigen Geist der Anthroposophie ein »Zweig« zu vertiefter spiritueller Arbeit begründet werden. Die Menschen dieses Kurses hatten das Erlebnis, durch jahrelange Seminararbeit eine so starke Lebenshilfe und Orientierung bekommen zu haben, dass sie dem »Wesen der Anthroposophie etwas zurückgeben wollten«. Das war das entscheidende Motiv zu diesem Schritt. Erst in zweiter Linie wurde aus der Einsicht in die notwendige Kontinuität und aus sozialen Erwägungen die Verbindung zur »Anthroposophischen Gesellschaft« und ihrer sehr bewegten Geschichte hergestellt.

Aus dieser Zweig-Arbeit heraus entstand bei einer kleineren Gruppe von Menschen, die sich schicksalsmäßig noch in einer besonderen Weise miteinander verbunden fühlten, der Wunsch nach einer Gemeinschaft zu meditativer Arbeit. Als Mitglieder der »Freien Hochschule für Geisteswissenschaft« traten sie an mich mit der Bitte heran, mit den Mantren der Michaelschule eine solche Arbeit mit ihnen verantwortlich durchzuführen. Die Grundlage für diese eigenständige Gruppe im Rahmen einer geistigen Hochschularbeit – gestützt auf den langjährigen meditativen Umgang mit dem Grundsteinspruch – war das Vertrauen in die geistige Integrität, um auch miteinander in einen Austausch über die intimeren geistigen Erfahrungen einzutreten. Dieses Vertrauen sollte sich als tragfähiges Element für die Fruchtbarkeit der künftigen gemeinsamen meditativen Arbeit erweisen.

164

Wir verdanken dieser Gemeinschaftsarbeit eine ganze Reihe von wichtigen Einsichten in spirituelle Entwicklungsgesetze, die uns zur Erfahrung wurden.

Die Frage

Ein besonders wichtiges Thema hatte mich in diesen Jahren immer begleitet. Es waren die Schilderungen Rudolf Steiners, in denen er darauf hinwies, dass ab Mitte des Jahrhunderts, genauer gesagt ab den dreißiger Jahren der auferstandene Christus in ätherischer Gestalt den Menschen als »Herr des Karma« und als Helfer und Wegweiser in die Zukunft erscheinen würde. Mit dieser Schilderung von ihm war auch der Hinweis verbunden, dass dieses Ereignis an der Menschheit nicht unbemerkt vorübergehen dürfe, weil sonst viel verloren ginge, was für die Zukunft der Erde gebraucht wird. Immer wieder war die Frage in mir aufgetaucht: Wann sollte das geschehen? Hatten wir es bereits verpasst? Erst durch die Begegnung mit dem amerikanischen Arzt Dr. George Ritchie und die Gespräche mit den Menschen, die über die Grenze des Todes hinausgeschaut hatten, sowie mit vielen anderen, die in kritischen Lebensmomenten auch bei vollem Tages-Bewusstsein ähnliche Grenzerfahrungen machten, wurde mir bewusst: Es hatte sich in der Verborgenheit bereits ereignet, aber es wurde nur nicht genügend zur Kenntnis genommen! Auf der einen Seite war es verständlich, dass viele Menschen eine solche Erfahrung als ein ungeheuer intimes Erlebnis bewahren wollten. Auf der anderen Seite bestand bei vielen doch das Bedürfnis, sich mit anderen auszutauschen, um noch eine größere Klarheit und Sicherheit in Bezug auf die Bedeutung zu gewinnen. Dennoch schien über dem Ganzen etwas wie ein unausgesprochenes Verbot zu schweben, dass man darüber nicht sprechen dürfe. Jeder hatte das Erlebnis, es ist etwas ganz Intimes, subjektiv Persönliches; es ist *sein* Erlebnis. Und erst jetzt, durch die vielen Gespräche und die Zusammenschau mit den Erfahrungen anderer Menschen sowie durch die Verständigung mit anderen Forschern, zu denen ich Kontakt bekam, zeigte sich, dass diese Wirksamkeit des auferstandenen Christus individuell in den vergangenen Jahrzehnten millionenfach erlebt wurde, aber nicht ins Bewusstsein der kultivierten Menschheit gedrungen war. Doch langsam schien der Bann gebrochen zu werden.

Ich hatte am eigenen Leibe die Erfahrung gemacht, dass das durch die Kirchen und besonders den evangelischen Gottesdienst vermittelte Christusverständnis für viele Menschen in der Regel keine tragende Kraft mehr darstellte. Die Tatsache, dass die Realität der geistigen Welt und der darin lebenden geistigen Wesen nicht eine Vergangenheitssache ist, die in den Schriften geschildert wird, sondern dass sie auch gegenwärtig eine Realität darstellt, war den meisten Theologen, die ich kennen lernte, verloren gegangen. So hatte sich diese geistige Welt auf einem ganz anderen Wege bei zahllosen Menschen bemerkbar gemacht und wurde auf vielfältige Weise unmittelbare Lebenserfahrung.

Es hatte mich lange die Tatsache beschäftigt, dass auch die Menschen, die den Christus während seiner Verkörperung vor zweitausend Jahren nicht unmittelbar miterlebt hatten, doch an ihn glauben und von ihm berührt werden konnten, obgleich sie häufig zunächst doch nur die Schilderungen seiner Schüler und Apostel kannten. Das darin enthaltene Geheimnis sollte sich für mich lösen, indem ich den Schilderungen der heutigen Menschen, die solche Erlebnisse hatten, zuhörte. Wenn sie diese Erfahrung beschrieben, in der sie geistig der strahlenden, bedingungslose Liebe und Verständnis aussendenden Gestalt des Christus gegenüberstanden – das sie häufig nur als ein Lichtwesen bezeichneten, aber welches eben von ihnen allen mit den gleichen Eigenschaften beschrieben wurde –, konnte ich bemerken, wie sie selbst in diesem Augenblick wiederum erfüllt waren von dem Eindruck der durchwärmenden, Frieden stiftenden und heilenden Kraft dieses Licht- und Sonnengeistes. Und wenn sie beschrieben, wie sie von den verstehenden, urteilsfreien und liebenden Augen des Christus angeschaut wurden, so dass sie sich bis in das tiefste Innere gestärkt, erkannt und geliebt fühlten, dann hatte ich das Gefühl, als wenn mich durch sie diese Augen selbst anschauten und damit auch eine Kraft auf mich überging, die ich vorher in dieser Weise nicht kannte.

So erlebte ich diese Menschen als die neuen Zeugen des auferstandenen, in der Gegenwart wirkenden Christus. Die entsprechende Erfahrung wurde mir durch den amerikanischen Psychologen Professor Kenneth Ring bestätigt, der nach vielen hundert Gesprächen mit solchen Menschen sagte, obwohl er selbst keine direkten geistigen Erfahrungen habe, sei es so, wenn er alles zusammenschaut, was er durch diese Menschen erlebt hat, als wenn er selbst diesem einen Wesen begegnet sei.

Zusammenwirken zweier Menschheitsströme

Wenn ich nun auf diese Begegnungen der letzten Jahre zurückschaue, so finde ich wieder eine andere, wichtige Prognose Rudolf Steiners bestätigt, die darauf hinweist, dass am Jahrhundertende zwei verschiedene Menschengruppen zusammenwirken müssten: Es sind – funktionell gesprochen – diejenigen, die das aristotelische, an der Sinneswahrnehmung gebildete Denken, und jene, die die platonische, aus der geistigen Anschauung entwickelte Denkart mitbringen. Durch das aktive Zusammenwirken dieser beiden Menschentypen, in denen sich zwei lange getrennte Geistigkeiten ausprägen – die ihren Ursprung in den beiden Ur-Menschen Kain und Abel haben –, scheint sich eine neue Frieden stiftende Kraft für die Zukunft bilden zu können.

Wenn ich bei mir selbst das Verständnis für beide Lebenshaltungen vorfinde, bzw. es in diesem Leben ein wenig entwickelt habe, so verstehe ich mich im rosenkreuzerischen Sinne als Brückenbildner. Mit vielen anderen teile ich die Sorge, dass die immer extremer werdende materielle Entwicklung mit den damit verbundenen Menschen sich zunehmend von der spirituellen Richtung abkoppelt, wenn es nicht gelingt, dass die aristotelische mit der platonischen Strömung zusammenarbeitet. Ich sehe auch, wie unter der Wucht des fortschreitenden materialistischen Zivilisationsfortschrittes, welcher die Erde zu einer einzigen Maschine zu machen droht, die spirituelle Bewegung zum Teil aufs heftigste verleumdet und bekämpft wird. Dennoch gehe ich mit einer gewissen Zukunftshoffnung in das nächste Jahrtausend, weil ich nicht nur die Wahrheit über die geistige Wirklichkeit durch mich und in mir selbst erfahren habe, sondern weil ich auch viele Menschen kennen gelernt habe, in denen das Licht dieser Erkenntnis ebenso leuchtet und welche nicht mehr *glauben* müssen, sondern aus eigener individueller *Erfahrung* Wissen und Verständnis für die Realität der übersinnlichen Welt in das praktische Leben hineintragen.

Mit vielen Menschen, denen ich auf diese Weise begegnete, verbindet mich nicht nur eine herzliche Freundschaft, sondern ich konnte deren geistige Fähigkeiten auch an mir selbst hilfreich erproben und erfahren.

Fragen zwischen Vergangenheit und Zukunft

Wenn ich so auf meinen Lebensweg zurückschaue, so kann ich sagen: Für mich haben sich manche Lebens- und Erkenntnisfragen gelöst; viele sind geblieben. War es mein »himmlischer Freund, mein Schicksalsengel«, durch dessen Augen ich schon mit zwölf Jahren sehen konnte, was ich mit achtundfünfzig tun sollte? Hatte er mich an den Lebensabgrund, den ich nach Rückkehr aus der Gefangenschaft durchlebte, geführt, durch den ich verwandelt ein neues Leben beginnen konnte? Was wäre entstanden, wenn dieser Krieg mit seinen verheerenden Folgen mich nicht so existenziell getroffen hätte? Was wäre aus mir geworden, wenn ich ein ungetrübtes genussreiches Leben weitergeführt hätte? War er es, der mich im Augenblick der Todesgefahr zurückgehalten und in den kritischen Momenten meines Lebens inspiriert und dadurch gerettet hat? Hat er die Begegnung mit den zahllosen Menschen herbeigeführt, die meinen Lebensweg entscheidend mitbestimmten? Oder wurde das alles schon vor meinem Heruntersteigen in die Geburt mit seiner Hilfe gemeinsam arrangiert, damit ich das werden konnte, was ich werden wollte? Und wie funktioniert das?

Welch großer gewaltiger Geist muss das alles überschauen, um das für uns vom Irdischen aus unüberschaubare Schicksalsgewebe all der Menschen, die einem immer wieder mit neuen Herausforderungen und Aufgaben begegnen, mit dem eigenen Schicksal in Einklang zu bringen? Und wie macht er es, wenn dazu auch noch das Freiheitsbewusstsein all der anderen Menschen beachtet werden muss? Und zuletzt wird die Frage immer deutlicher: Was werde ich im nächsten Leben sein und welche Aufgaben werden sich mir stellen?

Es ist nicht so, dass ich mir einige dieser Fragen mit meinem geisteswissenschaftlich geschulten Verstand nicht beantworten könnte. Aber das Erlebnis der Antwort steht noch aus.

Im Rückblick auf mein eigenes Leben sehe ich in den vielen *äußeren* Lebensereignissen und Menschenbegegnungen meinen *inneren* Entwicklungsweg veranlagt, auf welchem zunächst die äußeren Umstände dominierten, damit sich die inneren Kräfte allmählich heranbilden konnten. Es war – und ist – ein wunderbares Leben mit aller Dramatik, und es hat mich vor viele Aufgaben gestellt. Sehe ich auf dieses Jahrhundert, in welchem ich mein eigenes Leben stimmig eingewoben finde, erlebe ich mich im Einklang mit dem Zeitenstrom. In den äußeren irdischen Ereignissen habe ich immer eine Art Schattenwurf der fortschreitenden Veränderung der geistigen Welt bemerkt, die an unsere physisch-soziale Welt unmittelbar angrenzt und die sich in den Wirkungen an den materiellen Ereignissen ablesen lässt. Sie sind mir »Buchstaben der großen Weltenschrift«, die ich zu lesen versuche. In der veränderten geistigen Konstitution der Menschen und ihren mitgebrachten Impulsen konnte ich zum Teil die Bedingungen sehen, die der »Zeitgeist« braucht, wenn er »mit den Folgen und nicht mit den Ursachen arbeitet«. Ob genügend Menschen das bemerken?

Ein Impuls wird mich sicher weiter begleiten, welcher hinter vielen meiner öffentlichen Vorträge stand: Vermittler sein zu wollen für andere Menschen, damit die vielen geistigen Boten und Helfer der Menschheit nicht unbemerkt bleiben, damit ihr Licht und ihre Wärme auch für unsere Erkenntnis wirksam werden kann. Ich weiß, dass ich mit diesem Anliegen nicht allein bin.

In meinem 18. Lebensjahr bekam ich eine wunderbare handschriftliche Spruchsammlung von einer alten Anthroposophin in die Hand und fand dort einen Text, den Rudolf Steiner in einem Vortrag über *Die Antworten der Geisteswissenschaft auf die großen Fragen des Daseins* formuliert hatte:

Es leuchten gleich Sternen
Am Himmel des ewigen Seins
Die gottgesandten Geister.
Gelingen mög' es allen Menschenseelen,
Im Reich des Erdenwerdens,
Zu schauen ihrer Flammen Licht.

In meiner eigenen Biographie habe ich die belebende Kraft dieses befeuernden, geistigen Lichtes als Weisheit erleben können oder habe die Wärme des Lichtes in tiefer Menschlichkeit empfunden oder konnte es auch in der Schönheit eines inspirierten Kunstwerkes immer wieder erfahren. Ja, es schmerzte mich geradezu, wenn es mir nicht möglich war, andere Menschen – zumal jene, mit denen ich mich besonders verbunden fühlte – an jener Größe und Strahlkraft bedeutender Menschen und ihrer Werke sowie an Ereignissen teilnehmen zu lassen durch welche das belebende Geisteslicht der ewigen Wahrheiten hindurchleuchtet.

Wenn auch die Gegenmächte, welche das Leben und das Bewusstsein der Menschen heute jedoch an eine rein materielle Daseinsform fesseln und sie an der Wahrnehmung der geistigen Wirklichkeit hindern wollen, ihre Gewalt entfesseln, so sind doch zugleich auf allen Teilen der Erde auch immer mehr Menschen bemerkbar, die gerade in der Konfrontation mit den Niedergangskräften starke geistige und soziale Zukunftsimpulse entwickeln und Verbindung zueinander suchen.

Mit diesem Blick gehe ich nun in das dritte Jahrtausend: Was wird es bringen und was können wir tun?

Herbst 1999

171

NACHWORT

Der Leser wird vielleicht in dieser Darstellung die Schilderung vieler Ereignisse vermissen, die dieses Jahrhundert und damit auch mein Leben entscheidend mitgeprägt haben. Das betrifft z.B. viele entscheidende Vorgänge, die ich während der Zeit des Nationalsozialismus als Kind und Jugendlicher miterlebt habe.

Auch auf Einzelheiten meiner langjährigen Erfahrungen innerhalb der Anthroposophischen Gesellschaft und meiner schicksalhaften Verbundenheit mit dem Goetheanum in Dornach wie auch auf meine Beziehung zu Mitarbeitern des Rudolf Steiner-Verlages bin ich nicht weiter eingegangen.

Ebenso habe ich darauf verzichtet, wichtige Ereignisse der letzten Jahrzehnte in die Schilderung einzubeziehen, in denen wir z. B. an Aktionen der jüngeren Generation, in Bürgerinitiativen, innerhalb der Friedensbewegung und anderen Gruppierungen beteiligt waren, und bei denen versucht wurde, politisch Widerstand zu leisten, bzw. sozial neue Akzente zu setzen.

Eine Berücksichtigung aller durchlebten Ereignisse hätte jedoch den Rahmen des vorliegenden Buches gesprengt. Und so entschloss ich mich Anfang des Jahres 1999 zu dieser kurzgefassten Lebensskizze aus ganz individueller Sicht.

S. W.

Siegfried Woitinas

Von Leben zu Leben

Das neue Reinkarnationsgedächtnis
Leben zwischen den Leben
Erinnerungen an die Zukunft
168 Seiten, kartoniert

Viele Menschen haben heute ganz konkrete Erinnerungen an frühere Leben, die oft so eindringlich sind, dass sie zu einer tiefgreifenden Wandlung im Leben der Betroffenen führen. Siegfried
Woitinas beschäftigt sich seit Jahrzehnten mit diesen Erfahrungen und hat zahllose Seminare und Vorträge darüber gehalten.
Dabei bezieht er neben der Anthroposophie viele unterschiedlichen Sichtweisen und Strömungen mit ein.
Die lebendige Kursatmosphäre, die in diesem Buch erhalten werden konnte, macht es zugleich zu einer im besten Sinne voraussetzungslosen, leicht lesbaren Einführung in die Grundlagen der
Anthroposophie.

URACHHAUS

Siegfried Woitinas

Jenseits von Zeit und Raum

Selbsterfahrung und Grenzerlebnisse
Traum, Schlaf und Tod
116 Seiten, kartoniert

Hat das Ich-Bewusstsein seine Grundlage nur im Gehirn? Wie
kann das materielle Gehirn etwas nicht Körperliches wie Gedanken, Ideen oder Vorstellungen erzeugen?
Wie sind außerkörperliche Erfahrungen bei fast vollständiger Re-
duktion der physischen Gehirntätigkeit (z.B. in Todesnähe) erklär-
bar, die Höchstleistungen des menschlichen Geistes darstellen?
Daran schließen sich weitere Fragen: Ist auch das »Unbewusste«,
bekanntlich die Basis von Kreativität und Intuition, im Gehirn als
Funktion vorhanden? Wer ist die Instanz, die aus den unendli-
chen Gehirnfunktionen das auswählt, was im jeweiligen Moment
den Sinn herstellt, die Verbindung zu dem, was dann als sinnvolle
Handlung erfolgt? Welche Bewusstseinszustände gibt es und wie
bestimmen sie unser Verhalten? Wie lassen sie sich erkennen und
schulen?
Siegfried Woitinas zeigt, dass unser Bewusstsein, wenn es recht
entwickelt wird, das Tor zu neuen ungeahnten Dimensionen jenseits von Zeit und Raum bildet.

URACHHAUS

Siegfried Woitinas

Zwischen Licht und Finsternis

Willensmagie – Hellsehen – Gedankenkraft
Sexualität oder Spiritualität?
121 Seiten, kartoniert

Es gibt Menschen, denen ist jedes Mittel recht, um Einfluss auf
ihre Umwelt und Macht über andere zu gewinnen. Dazu gehören
auch Manipulationsversuche durch magische Praktiken.
Die Folgen solcher auf alte Bewusstseinsformen zurückgreifende
Willens- und Sexualpraktiken können jedoch verheerend sein,
nicht zuletzt für die Ausübenden.
Siegfried Woitinas betrachtet die möglichen Konsequenzen und
zeigt, warum sie mit einer modernen spirituellen Entwicklung
nicht zu vereinbaren sind. Begleitet von vielen praktischen Anregungen und aktuellen Beispielen und Erfahrungen wird hier ein
Weg aufgezeigt, auf dem die Ausbildung spiritueller Fähigkeiten
in Freiheit möglich ist.

URACHHAUS

Siegfried Woitinas

Zwischen Gut und Böse

Mensch – »Doppelgänger« und »Gegenmächte«.
Das Tier aus dem Abrund
90 Seiten, kartoniert

Nicht nur das Bewusstsein des individuellen Menschen, sondern immer größere Bereiche des sozialen Lebens werden immer stärker durch die Neigung zu Agression und Gewalt bestimmt. Dafür kann eine Rihe psychologischer und soziologischer Erklärungen gefunden werden. Das viel größere Rätsel zeigt sich in den immer zahlreicheren Handlungen und Verhaltensweisen, in denen genussvoll das bewusste Böse erscheint.
In diesen drei Vorträgen wird versucht, auf Grundlage der anthroposophischen Geisteswissenschaft einen Weg zum Verstehen zu zeigen, wie jetzt, an der Jahrtausendwende, in verstärktem Maße reale geistige Kräfte und Wesen wirksam sind, die den Menschen vor Entscheidungen stellen mit der innerlich erlebten Frage: Mit welchen Kräften und Wesen verbindeest du dich?
Um nichts mehr und nichts weniger geht es in der Konfrontation mit »Gut« und »Böse«.

Verlag im Forum 3

ISBN 3-9802190-6-2
Auslieferung durch:
Vertrieb der Kooperative Dürnau,
Im Winkel 11, 88422 Dürnau
Tel. 07582 / 93 00 0
Fax 07852 / 93 00 20